Peter Mt. Shasta

„ICH BIN"
Die Offene Tür

Reden der Aufgestiegenen Meister

Aus dem Amerikanischen
von
Reinhold Köglmeier

Bibliografische Information der Deutschen
Nationalbibliothek:
Die Deutsche Nationalbibliothek verzeichnet diese
Publikation in der Deutschen Nationalbibliografie;
detaillierte bibliografische Daten sind im Internet über
http://dnb.dnb.de abrufbar.

petermtshasta@gmail.com
www.PeterMtShasta.com

Titel der Amerikanischen Originalausgabe:
„I AM" the Open Door - Discourses of the Ascended
Masters, 1978
Übersetzung: Reinhold Köglmeier
Lektorat, Korrektorat: Susanne Meyer
Umschlaggestaltung: Susanne Meyer
Umschlagfoto: Der Aufgestiegene Meister Saint Germain

Printed in Germany
Herstellung und Verlag:
BoD – Books on Demand, Norderstedt

ISBN 978-3-75285-127-4

INHALTSVERZEICHNIS

DISKURSE

WIDMUNG

Dieses Buch ist in tiefster ewiger Liebe und Dankbarkeit gewidmet unserem geliebten Meister Saint Germain, Jesus, dem Großen Göttlichen Direktor, der Großen Weißen Bruderschaft, der Bruderschaft des Royal Teton, der Bruderschaft von Mount Shasta und den anderen Aufgestiegenen Meistern, deren liebevolle Hilfe und Unterstützung unmittelbar und grenzenlos war.

Vorwort

Auf Wunsch des Großen Göttlichen Direktors wurden diese Diskurse im Januar 1977 von verschiedenen Aufgestiegenen Meistern diktiert, die je nach Erfordernis in Ihren Lichtkörpern erschienen. Es ist meine große Hoffnung, dass alle, die die Strahlung dieses Buches fühlen – welche nur Aufgestiegene auszustrahlen vermögen – inspiriert werden, das Gesetz anzuwenden und nach dem Gesetz zu leben. „ICH BIN" ewig dienend, in tiefster Liebe und Dankbarkeit,

Peter Mt. Shasta

ANMERKUNG

Die Diskurse in diesem Buch wurden nicht durch Inspiration empfangen, jener Methode, die moderne Channel oder Medien gewöhnlich benutzen, sondern in Form unmittelbarer Diktate von erleuchteten Meistern, die in einer Welt mit einer höheren Frequenz residieren. Inspiration kann von jedem praktiziert werden, der ein bestimmtes Wesen sehr liebt oder mit dessen Wirken besonders vertraut ist. Es ist einfach eine Sache der Vorstellungskraft, eine Botschaft im Ton dieses Wesens zu geben. So erhebend diese Botschaft auch sein mag, ist sie jedoch nicht dasselbe wie ein Kontakt, der tatsächlich von diesem Wesen initiiert wurde. Im ersten Fall gibt es keine Garantie für die Wahrheit der Botschaft, während im letzteren die Wahrheit sichergestellt ist. Natürlich ist jede Botschaft auch abhängig vom Empfänger, der so wenig vorgefasste Meinungen wie möglich haben sollte.

Die Diskurse in diesem Buch wurden empfangen ohne einen Wunsch meinerseits, den Kontakt mit Meistern einzuleiten oder ihre Botschaften zu erhalten. Die Meister erschienen eines Tages völlig unerwartet und sagten, „Schreib".

Die vollständige Geschichte, die hinter diesem Kontakt mit diesen Wesen steht, die als Aufgestiegene Meister bekannt sind, kann man in meiner Autobiographie lesen: *Abenteuer eines Westlichen Mystikers, Band II, Im Dienst der Meister, BoD, 2016.*

DISKURS 1

DER GROSSE GÖTTLICHE DIREKTOR

Im Zentrum deines Wesens ist ein großes Licht, und du bist dieses Licht. Das ist die Wahrheit deines Wesens. Diese Wahrheit sollst du kennen und diese Wahrheit wird dich Frei machen. Dies ist die Wahrheit, die Jesus sprach, die Wahrheit für alle Menschen, die jeder Mensch wissen kann.

Und wie kannst du diese Wahrheit erkennen? Durch direkte Erfahrung. Das Licht, das jeden Menschen erleuchtet, der in die Welt kommt, ist eine Realität – und als Realität kann es erfahren werden.

So wie der Wind nicht sichtbar ist, sondern nur seine Wirkung, sein Druck gefühlt werden kann, so kann auch die Wirkung des Lichtes in dir gesehen, ihr Druck gefühlt werden. Und dieser Druck ist eine Kraft, weit jenseits dessen, was der menschliche Verstand erfassen kann. Wenn du dieses Licht sehen willst, musst du zu diesem Licht gehen; und dieses Licht ist in dir – im Inneren, um dich herum und über dir. Und alle Dinge bestehen aus diesem Licht, und dieses Licht ist in allen Dingen. Es gibt kein Ding, keinen Menschen, der nicht aus diesem Licht besteht.

Doch bevor dieses Licht gesehen werden kann, wird es gefühlt, und um es zu fühlen, musst du zuerst die Fähigkeit zu Fühlen entwickeln; und die Quelle dieser Fähigkeit, zu fühlen, ist im Herzen. Dein Herz ist das Zentrum deines Seins, es ist das Zentrum deiner Gefühle, das Zentrum, wo der Druck des Lichts zuerst gefühlt werden kann, dann gesehen – und man kann es sehen!

Das erfordert Übung. Kennst du irgendetwas von Wert, das zu erreichen keine Übung erfordert? Sei beharrlich – denn das Licht Gottes steht über der ganzen Welt. Und du bist dieses Licht! Je eingehender du dich mit dieser Wahrheit befasst, desto gewisser wirst du ihrer, und desto stärker wird diese Wahrheit in dir sein. Worauf auch immer deine Aufmerksamkeit gerichtet ist, wirst du werden. Deine Aufmerksamkeit ist eine große Linse, mit der du deine Energie fokussierst, und dein Sein kontrollierst.

In allen ist diese Kraft der Aufmerksamkeit aktiv, zu jeder Zeit, ob bewusst oder unbewusst. Was du bist, was du in jedem gegebenen Augenblick erlebst, ist einfach das Ergebnis dessen, worauf du deiner Aufmerksamkeit gestattet hast, gerichtet zu sein. Wenn du deiner Aufmerksamkeit gestattest, von sinnlichen Dingen angezogen zu werden, wirst du in einer Welt der Sinne leben, als Gefangener; wenn du indessen deine Aufmerksamkeit auf das Licht im Inneren richtest, wirst du Freiheit finden, und das Königreich des Himmels betreten. Du hast in dir in jedem Moment die Wahl.

14

Im Zentrum deines Wesens hast du einen Göttlichen Direktor – das Bewusstsein deines Wahren Selbst – das dich bei deiner Wahl in jedem Augenblick führen und leiten wird, wenn du ihm deine Aufmerksamkeit zuwendest. Es ist eine Großartige Leuchtende Sonne in dir. Ich danke dir.

In Deine Hände, Oh Vater, empfehle ich mich, meinen Geist, mein Herz, mein Leben, meine Welt, denn ich weiß, ICH BIN Dein Kind. Aus Dir bin ich gekommen; alles, was ich habe – alles was ICH BIN – gehört Dir, zu Dir kehre ich für immer zurück. Dein Wille geschehe durch mich so, wie er in Dir ist – ICH BIN Eins mit Gott, für immer.

DISKURS 2

SAINT GERMAIN

Was braucht der Mensch? Wonach verlangen die Menschen der Erde mehr als nach allem anderen? Es ist die Freiheit. Sogar stärker als der Wunsch, geliebt zu werden, ist der Wunsch des Menschen nach Freiheit, denn nur wenn ihr frei seid, könnt ihr aufrichtig lieben. Natürlich will ich damit nicht sagen, dass ihr Freiheit haben könnt ohne Liebe, denn das ist nicht möglich, nur, dass ihr, um lieben zu können, frei sein müsst. Diese Freiheit ist Gottes größtes Geschenk an Seine geliebten Kinder, Funken aus der Flamme Seines eigenen Herzens. Und über diese Freiheit möchte ich nun mit euch sprechen, ihr Lieben.

Lasst uns zunächst einen kurzen Blick auf die Geschichte werfen, nur kurz, denn ich weiß, viele von euch mögen keine langen Geschichtsstunden. Lasst uns nur kurz zurückschauen, mit Verlaub, indem ihr eure Vorstellungskraft beansprucht – die übrigens eine der höchsten Fähigkeiten des Menschen ist, denn durch die Vorstellungskraft, die Kraft der Visualisation und Qualifikation habt ihr Schöpferkraft – die gleiche Kraft, mit der Gott, der Unendliche Geist, alle Dinge erschaffen hat; und nun, da wir zurückgegangen sind, durch die Vorstellungskraft, zum

Beginn des Menschen auf diesem Planeten, lasst ihn uns betrachten in all seiner ursprünglichen Herrlichkeit und in seinem ursprünglichen Licht! Schaut ihn euch an – er ist ein freies Wesen. Er ist frei, rein und unverdorben, ein Wesen mit freiem Willen, kurz – ein Gott. Oh, könntet ihr euch nur erinnern an die Herrlichkeit, die alle in Gott hatten, ehe die Welt war – aber, fasst Mut, ich sage, dass ihr alle eines Tages eure übernatürliche Herrlichkeit wieder zurückerlangen und auferstehen werdet unter euren Brüdern, der Aufgestiegenen Schar des Lichts, als Meister eurer Bestimmung, nicht länger Ursache und Wirkung unterworfen – als Wesen einzig von Ursache. Das soll so sein, denn es ist ein Göttliches Gebot:

Der Mensch soll Frei sein!

Aber wie erlangt man Freiheit, ihr Lieben? Es ist nicht ganz so einfach, wie es manche gerne hätten, doch ist es auch wieder nicht so schwierig. Tatsächlich ist es, wie bei vielen anderen Dingen, eine Frage der Aufrichtigkeit. Denn für den, der aufrichtig ist, sind alle Dinge möglich. Aufrichtigkeit ist der Schlüssel bei allen Bemühungen. Für einen, der aufrichtig ist, stehen alle Türen offen, ganz gleich wie ungünstig die gegenwärtigen Bedingungen erscheinen mögen, ganz gleich wie spät er auf dem Pfad der Verwirklichung begann.

Ihr könnt überall beginnen, euch auf den Weg zu machen, entscheidend ist eure Aufrichtigkeit – und mit ‚Weg' meine ich den klaren Schritt-für-Schritt-Weg zur Bewussten Bemeisterung aller Dinge – der Ort jedoch, von wo aus ihr beginnt, ist in euch selbst, und der einzige bestimmende Faktor eures Fortschritts ist eure eigene Aufrichtigkeit. Manche mögen spät im Leben beginnen und rasch voranschreiten, während andere, die anscheinend früh und mit allen Vorteilen begonnen haben, unerklärlich langsam erscheinen, oder sich sogar rückläufig entwickeln. Doch sollt ihr wissen, dass keine bewusste Anstrengung je verloren ist, ganz gleich wie düster die Dinge zu werden scheinen. Wenn ihr an einem Punkt versagt, seid ihr nur umso entschlossener, erfolgreich zu sein und das Hindernis, was immer es war, dem ihr zuvor erlaubt habt, euch vom Pfad abzulenken, zu überwinden; und Hindernisse werden aufkommen, denn seht ihr nicht, dass die Hindernisse als solche Teil des Pfades sind, Teil des Planes? Nur der freie Wille macht das Erlangen von Weisheit möglich – das bewusste Verstehen und die Herrschaft über das, ‚was ist' – durch Ausübung dieses freien Willens im bewussten Überwinden des Widerstandes dieser materiellen Welt.

Bedauert nicht des Menschen geschichtliche Vergangenheit und seinen Abstieg aus jenen herrlichen Reichen, die er vor der Erschaffung der Welt bewohnte, denn auch wenn der Mensch frei war und im Licht seines Gott-Selbst weilte, hatte er keine Erfahrung oder ein Wissen über seine Freiheit, keine kreative Weisheit, die nur durch Erfahrung zustande kommen kann. Das war also nicht die Freiheit in einem Ausmaß, wie sie nun für uns erreichbar ist, ihr Herzen, ist das nicht so?

Der Mensch kam in diese materielle Schule, denn als Schulstunde sollte alle irdische Mühsal betrachtet werden, um dem Prinzip des Widerstandes, der Kraft der Opposition zu begegnen, von der einige von euch gern etwas weniger hätten. Nun, ich sage euch, nur das Erfahren, Verstehen und Überwinden genau dieser Kraft, aus der die materielle Welt besteht, macht das Erreichen eurer wahren Freiheit möglich.

Wie ausnehmend schön ist dieser Plan und die Ewige Herrlichkeit, die euch erwartet. Ihr habt auf dieser Erde ein großes Privileg, meine Kinder; wie sehr ich mir wünsche, euch das zeigen zu können.

Ihr werdet sehen, dass diese kostbare Schule, die Erde, nicht so ein Durcheinander ist, wie einige es gern ‚glauben möchten‘; und ich sage ‚glauben möchten‘, denn da gibt es immer diese Kraft, die in einigen Menschen wirkt – es sind eigentlich nicht sie selbst, sondern eine Kraft, der sie erlaubt haben, durch sie zu wirken, und so sollten alle Kräfte gesehen werden – die sich daran erfreut, Dinge so negativ wie möglich zu betrachten; sie finden es leichter, zu kritisieren und zu verurteilen, statt einen Schritt in das Licht zu tun und etwas Konstruktives zu unternehmen und diese Zustände zu verbessern. Wenn sie sehen könnten, was ihr Verurteilen und Kritisieren ihrem eigenen Wachstum antut, könnten sie erkennen, dass es für sie langfristig viel leichter ist, konstruktiv zu sein und die zusätzliche Energie hierfür zu verwenden, statt am Straßenrand herumzutrödeln und andere zu kritisieren, und dass sie später viel Energie aufwenden müssen, um aus diesem Dilemma herauszukommen, in das sie manövriert wurden, indem sie sich für diese negative Kraft geöffnet haben.

Habt ihr mal beobachtet, wie Besucher eines Kindergartens kritisieren und sagen, „Was sind das doch für ungezogene Kinder", bis ihr sie fragt, „Wie wart ihr, als ihr auf dieser Stufe wart?", und, „Könnt ihr es besser?"

Meine Güte, nein, die Erde ist nicht in einem so schlechten Zustand, und ich möchte keinen von euch irgendetwas Gegenteiliges sagen hören; und glaubt mir, ich habe ein besseres Hörvermögen, als ihr euch vorstellen könnt, und einige von euch wahr haben wollen; und ich weiß, was ich sage. Vergesst das nicht. Auf diesem Pfad gibt es überhaupt keinen Unsinn. Das heißt nicht, dass ihr es euch nicht gut gehen lassen sollt, ihr Lieben, ganz im Gegenteil – vielmehr hoffe ich, dass ihr dahin kommt, am Leben mehr Freude zu haben und es reichlicher zu schätzen; aber ich will nicht, dass meine Schüler – und ihr alle, auch jene, die sich der Führung gewahr sind, die sie durch andere von uns erhalten mögen, sind meine Schüler – Gegenteiliges von dem sagen, was ich gesagt habe, denn eines der ersten Dinge, die ihr auf diesem Pfad lernen müsst, ist Gehorsam. Ja, Gehorsam mit einem großen ‚G‘. Denn auch, wenn ihr stets frei seid, euren eigenen Weg zu gehen, werdet ihr bald erkennen, dass eure wahre Freiheit im Gehorsam liegt, weil wir vor euch auf diesem Vollkommenen Pfad zur Meisterschaft genau die gleichen Schritte gegangen sind. Wir sehen, was ihr braucht, was für euch in jedem Augenblick jeweils das Beste ist, während wir über euch wachen und euch beschützen, auch wenn das, was ihr braucht, euch in diesem Augenblick nicht als sehr angenehm erscheinen mag; es ist dennoch das, was ihr braucht, und nur wir im Aufgestiegenen Zustand können das sehen. Später werdet ihr sehen warum, werdet ihr zurückschauen auf irgendeine schwierige Erfahrung, durch die ihr habt gehen müssen, und ihr werdet sagen, „Ich bin froh, dass ich Gehorsam war, ich bin froh, dass ich mich dem gestellt habe und da durchgegangen bin. Ich habe etwas gelernt und es hat mich zu einem stärkeren Menschen gemacht." Seht ihr, das ist wirklich vernünftig.

Da wir gerade beim Thema Gehorsam sind, lasst mich sagen, dass man nie von euch, als Schüler der Freiheit, verlangen wird, gegenüber irgendeinem Dogma, Kult oder Lehrer gehorsam zu sein, die auf irgendeine Weise im Gegensatz zu diesen Lehren stehen, oder euch in irgendeiner Weise zu irgendeiner Zeit eurer eigenen Freiheit der Selbstbestimmung berauben. Ihr seid meine Kinder, und ICH BIN Freiheit, und so sollt auch ihr frei sein. Das ist mein Ewiger Beschluss.

Da ihr jedoch diesen Pfad der Aufgestiegenen Meister gewählt habt, und der Aufgestiegene Meister Eins ist mit eurer eigenen Gott-Gegenwart – ist uns gegenüber gehorsam zu sein eine ganz andere Geschichte, oder nicht? Wenn ich also sage, dass die Erde in einem besseren Zustand ist, als ihr glauben mögt, wenn ihr die Zeitungen lest, möchte ich nicht, dass ihr wie Unheilspropheten, von denen die Welt schon genug am Halse hat, umherlauft und sagt, dass dies oder jenes geschehen wird, denn es wird nicht so kommen. Ihr habt nicht die Perspektive, die ich habe, und wenn ihr mal meine Perspektive habt, dann werdet ihr sehen, dass viele Wolken einen Silberstreif haben. Die Katastrophen, die für manche am Horizont zu schweben scheinen, kündigen nicht ein Ende an, sondern vielmehr einen Anfang. Und welch ein Anfang wird es sein, wenn der Silberstreifen all dieser Wolken enthüllt, und das herrliche Neue Zeitalter schließlich geboren wird.

Ganz gleich, wie groß der Schmerz bei der Geburt eines Kindes sein mag, gibt es eine Mutter, die nicht dankbar, nicht glücklich ist, eine Mutter zu sein? Jene, die mir helfen, das Neue Zeitalter hervorzubringen, sind auch Mütter –

und ich sage, seid dankbar, trotz des Leidens —
seid dankbar für das, was ihr schon erreicht habt,
wie auch für das, wonach ihr noch strebt. Es ist
nichts Falsches an Strebsamkeit, und ich möchte
nicht, dass ihr von jenen irregeführt werdet, die
behaupten, dass das Ziel, die Befreiung vom Leiden, erreicht wird durch das Nicht-Streben — das
Fehlen jeglichen Verlangens. Dieses bedauerliche
Missverständnis, ob es nun entstand durch die
Irreführung durch jemanden, dem man Gehorsam erweist, oder durch die eigene innewohnende
Faulheit und Trägheit, führt nicht zu irgendeiner
Freiheit, sondern zu noch mehr Gebundenheit an
die irdischen Gegebenheiten — das sind Bindun-
gen durch Sinnestäuschungen, die manchmal
durch viele Leben hindurch andauern; ein trauri-
ger Zustand. Als ob es jemals tatsächlich ein end-
gültig erreichtes Ziel geben könnte! Wie könnte
das sein? Wachstum hat kein Ende, ihr Lieben.
Was auch immer man auf diesem Pfad erreicht,
oder auf irgendeinem Pfad in dieser Richtung,
wird nur erlangt durch den eigenen Wunsch, etwas zu erlangen. Der Wunsch ist die Quelle der
Schöpfung, und der Reine Wunsch — das aufrichtige Verlangen nach Vereinigung mit eurem eigenen Gott-Selbst und das Verlangen, ihm zu dienen — wird euch schließlich zu dieser wahren
Freiheit führen, die Ewige Freiheit ist. Wie könnte es anders sein, ihr Lieben?

Leben ist Wachstum, Involution und Evolution, Kontraktion und Ausdehnung, immerwäh-

rend emporsteigend auf der großen ewigen Spirale der Schöpfung. Das Verlangen, nicht zu wachsen, statisch zu sein, ganz gleich wie glückselig dieser Stillstand sein mag, kann nur ein Moment sein, ein Moment im großen Meer der Schöpfung, in der jeder Teil, jedes Lichtpartikel ein organisches wachsendes Element ist. Die treibende Kraft dieses Göttlichen Organismus ist Gottes Verlangen, größere und immer größere Liebe auszudrücken in jedem Teil Seines ständig wachsenden Universums, in dem jedes Teil und jedes Element eine Mission zu erfüllen hat. So könnt ihr sehen, wie ihr euch lediglich selbst abschneidet, wenn ihr nach irgendeiner statischen, unveränderlichen Leere sucht, wo nichts wächst; denn das Leben ist überall Wachstum, und bewusstes Wachstum ist Gottes Bewusstsein.

Seht ihr, welch eine begrenzte und selbstsüchtige Sichtweise der Dinge es ist, zu sagen, „Ich werde allein irgendwo hingehen und Glückseligkeit finden, und was mit dem Rest der Welt geschieht, kümmert mich nicht", denn würden diese Apostel der ‚Glückseligkeit' das ausgeglichene Bewusstsein Gottes überhaupt bis zu einem gewissen Grad erlangen, würden sie entdecken, dass man wahre Freiheit nirgendwo erlangen kann, außer in der Welt – dass alle ‚anderen' Teil eures eigenen Selbst sind. Es gibt nur *Einen Geist*, und der sicherste Weg zum Bewusstsein dieses einen Geistes ist es, anderen zu dienen. Ihr seht also, ihr Lieben, es bleibt wirklich nichts anderes übrig, als sich daranzumachen und anderen zu helfen; und der beste Weg, anderen zu helfen, ist es, zuerst euch selbst in den Dienst eures eigenen Gott-Selbst, der „ICH BIN-Gegenwart" zu stellen; und diese Gegenwart wird euch immer zeigen, was ihr zu tun habt und wird durch euch das Bewusstsein manifestieren, das für diese Verwirklichung nötig ist.

Es gibt nichts, das andere beeinflusst, das nicht auch euch irgendwie beeinflusst, bis ihr Meister seid; und es gibt nichts, das ihr tut, fühlt oder zulasst, euch zu beeinflussen, das nicht auch andere beeinflusst – so wird es langsam Zeit, dass ihr seht, dass ihr alle ‚im selben Boot sitzt', und ihr alle Brüder und Schwestern seid und lernen müsst, einander zu Lieben und zu helfen. Ich hoffe sehr, dass ihr euch das zu Herzen nehmt. Es gibt nichts, das jedem von euch individuell so sehr helfen würde. Denkt daran, was ein Bruder sagte, „Was ihr für einen meiner geringsten Brüder tut, das tut ihr auch mir".

Und denkt auch daran, meine Kinder, dass ich, Saint Germain, auch wenn ich nicht 'von dieser Welt bin', ich bei meiner Arbeit für euch oft ‚in der Welt' bin; und ihr mögt mich bereits getroffen haben oder werdet mich vielleicht wiedertreffen, ohne es zu bemerken, denn ich werde mich nicht vorstellen, dessen könnt ihr sicher sein.

Lasst das Dienen, ohne an euch selbst zu denken, sondern alleinig für euer Gott-Selbst, eure ewige Führung sein. Wenn ihr ein Meister sein wollt, sage ich, handelt wie ein Meister. Während ihr dient, bin ich immer bei euch. Ich bin bereit, eure Hand zu nehmen; werdet ihr meine nehmen? ICH BIN euer, in Liebe.

Ich danke euch.

DISKURS 3

SAINT GERMAIN

Meine lieben Kinder, und ich hoffe, es macht euch nichts aus, wenn ich euch so nenne – denn ihr seid meine Kinder, und eines Tages werdet ihr wissen, warum – ich möchte gern, und es ist wirklich dringend geboten, dass ich zu euch über etwas spreche, was ihr zur Erinnerung noch viele Male von mir hören werdet, und das ist die Notwendigkeit, eure Gedanken und Gefühle zu kontrollieren; denn *Meister* zu sein, bedeutet mehr als alles andere die vollständige Herrschaft über diese dualen Aktivitäten seiner Flamme zu besitzen. Wenn eure Gedanken und Gefühle diszipliniert sind, habt ihr die Zügel eurer Kontrolle fest in der Hand, sind sie undiszipliniert, bescheren sie dem irdischen Dasein des Menschen Ungleichgewicht, Frustration, Verwirrung und jede Art der Verzweiflung. Oh, könnte ich euch das nur in euer Gemüt so fest einprägen, dass ihr von diesem Augenblick an niemals mehr von abschweifenden Gedanken und Gefühlen in eine Lage gebracht werdet, die ihr später bedauert. Wie gern möchte ich euch doch beschützen vor allen negativen Umständen und euch heraushalten aus all den Zwangslagen, in die ihr euch selbst bringt, und ihr uns dann anrufen müsst, damit wir euch aus dem Ganzen wieder herausholen – und das alles wegen einer Laune, wegen eines abschweifenden Gedankens, dem ihr eure Aufmerksamkeit gegeben hat, und der in eurer Welt streunend weiterbestand, und eure Energie abzog, bis er zu stark wurde, um ihm widerstehen zu können, und ihr nachgabt – der, wenn ihr wachsamer gewesen wärt, aus eurer Welt hätte abgewiesen und verzehrt werden können, bevor er an Energie gewann. Ihr seht, ich weiß, wie es läuft. Ich weiß alles über euch, Gesegnete. Diejenigen unter euch, die so erpicht darauf sind, die innere Sicht zu öffnen, würden buchstäblich aufschreien beim Anblick einiger Gedankenformen – denn alle Gedanken sind Formen, die auf eine bestimmte Weise qualifiziert wurden, entsprechend dem Gefühl ihres Schöpfers, die in der Atmosphäre umherschweben und sich an Leute heften, die durch ihre Aufmerksamkeit, die sie diesen Ideen geben, zu Magneten für sie wurden. Ihr würdet ganz bestimmt davonlaufen, wenn ihr sie sehen könntet. Fragt ihr euch manchmal, warum ihr euch nicht so gut fühlt, oder euch da und dort was wehtut, oder ihr *ohne ersichtlichen* Grund Kopfschmerzen habt? Also, ihr müsst diese Gedanken abweisen, bevor sie sich festsetzen. Weist jeden negativen Gedanken und jedes negative Gefühl ab; und ich glaube nicht, dass ich euch sagen muss, was ‚negativ‘ bedeutet. Weist alles ab, was weniger als ein vollkommener Gedanke oder ein vollkommenes Gefühl ist, das ihr in euch hochkommen spürt, und sagt:

„Ihr habt keine Macht! Im Namen der Makellosen, Reinen Macht des Lichts, das ICH BIN, BIN ICH unüberwindlich geschützt gegen jede menschliche Schöpfung!"

Das ist alles, was diese unerfreulichen Dinge sind, die euch aus dem Nichts heraus zu übermannen scheinen – von Menschen erschaffene Formen, denen ein unabhängiges Leben gegeben wurde durch die erhaltende Macht des Gefühls, mit dem sie von ihrem Schöpfer aufgeladen wurden.

Ihr müsst eure Welten vor diesen Streunern beschützen, meine Lieben, und Streuner sind sie, mit mehr Macht, euch zu schaden, als ein streunender Hund, denn während ein streunender Hund nur eurer physischen Wohnstätte schaden kann, schaden streunende Gedanken und Gefühle eurem empfindlichen magnetischen und elektronischen Körper, der eure spirituelle Wohnstätte ist, und nach dem ihr so lange gestrebt habt und den zu reinigen ihr so duldsam ward. Es ist ein Frevel, ihr Lieben, irgendwelche Streuner in eure Welt eindringen zu lassen, ganz gleich, wer oder was ihr Ursprung sein mag – und oft wird es ein lieber Freund sein, oder ein Angehöriger eurer eigenen Familie. Aber da ihr verantwortlich seid, ihr allein, dafür, was ihr erlaubt, in eurer Welt zu sein, weist die agierende Kraft sofort ab; und in dieser Hinsicht schlage ich vor, dass ihr keine Gnade walten lasst.

Im Umgang mit diesen Menschen, durch die eine Kraft wirkt, müsst ihr jedoch immer freundlich bleiben, und natürlich unbefangen. Niemals habt ihr ein Recht, einen anderen zu disziplinieren, der einen freien Willen hat und für sich selbst verantwortlich ist. Eure Innere Arbeit geht nur euch allein etwas an! Und natürlich dürft ihr selbst nicht derjenige sein, der jemand anderem etwas zufügt, aus Mangel an Selbstdisziplin in dieser Angelegenheit. Also, ihr Lieben, es bleibt nichts anderes übrig, als MEISTER EURER EIGENEN WELT ZU SEIN!

Jeder ist ein Gärtner, jeder ist verantwortlich dafür, was auf dem fruchtbaren Boden seiner eigenen Welt wächst. Wenn ihr euch verstimmt oder krank fühlt, dann deshalb, weil ihr Etwas erlaubt habt, zu wachsen, oder es ist sogar etwas, das ihr selbst veranlasst habt, dort zu wachsen. Dann müsst ihr zu eurem Gott-Selbst sagen:

Lieber Gott, bitte zeige mir, was diesen Zustand verursacht, und reiße es aus meiner Welt heraus. Zieh meine Aufmerksamkeit für immer davon ab. Ich weiß, es hat keine andere Macht als die, die ich ihm gegeben habe und erlaubt habe, sich zu nehmen; und nun, im Namen der Macht Gottes, die ICH

BIN, löse ich es auf und verzehre es für immer. Ich rufe das Feuer der Vergebung an. Sorge dafür, bitte, dass dies nie wieder geschieht.
Ich Danke Dir.

Dann seht zu, dass ihr es nie wieder geschehen lasst.

Nur ihr ganz allein könnt eure Aufmerksamkeit meistern. Wir können es nicht für euch tun, so sehr wir euch auch diese Drangsal ersparen wollen – denn wie würdet ihr lernen, wie würdet ihr weise werden, wie würdet ihr ein Meister werden ohne diese Erfahrung? Wir wollen euch keine Angst machen, denn ihr sollt wissen, es gibt nichts, vor dem ihr Angst haben müsst; jedoch warnen wir euch, führen und lenken euch, denn wir sind bereits durch dieses menschliche Jammertal gegangen, haben uns darüber erhoben und sind für immer Meister darüber geworden. So können wir nun das aus unserer Erfahrung gewonnene Wissen mit euch teilen, damit ihr daraus lernen mögt, die Wahrheit kennt und frei seid!

Und der schnellste Weg zu dieser Freiheit ist es, eure Gedanken und Gefühle zu kontrollieren. Warum? Weil Gedanken und Gefühle die zweifache Aktivität eurer eigenen Gottes-Flamme sind, die in euch ist und die die einzige Quelle und unterhaltende Kraft eures Seins und eurer Welt ist. Diese beiden Aktivitäten der Flamme sind die einzig bestimmende Intelligenz darüber, was in eurer Welt sein wird. So wie die zwei Aktivitäten des Feuers Licht und Hitze sind, so sind die zwei Aktivitäten des Feuers in euch Denken und Fühlen; und ihr seid die Hüter dieses Feuers – Gottes Heiliger Flamme. Und Meisterschaft über dieses Feuer ist eure Macht, zu erschaffen, eure Macht, euch über die Welt von Ursache und Wirkung zu erheben; denn ihr wurdet nicht nur nach dem Bilde Gottes erschaffen, ihr *seid* das Ebenbild Gottes. Alles, was Gott hat, habt auch ihr – in Samenform – denn seid ihr nicht Kinder Gottes? Hegt diesen Samen, meditiert darüber, und er wird euch mit Licht erfüllen. Pflegt und schützt ihn durch Rechtes Leben im Einklang mit dem Gesetz seines Wesens, und er wird wachsen, und euer Bewusstsein wird erhoben in das Bewusstsein des Einen, das da ist: ICH BIN. Wie ein Gärtner müsst ihr auf dieses Ziel hinarbeiten; und für dieses Ziel ist jegliche Selbstdisziplin der Mühe wert. Also bitte, ihr Lieben, euch selbst und der anderen zuliebe, strengt euch an, Meister eurer Aufmerksamkeit zu sein. Kontrolliert eure Gedanken und Gefühle zu allen Zeiten, denn nur in dieser Meisterschaft liegt eure Ewige Freiheit. Ich danke euch.

DISKURS 4

GODRE RAY KING

Geliebte Herzen, lasst mich heute zu euch über etwas sprechen, worüber - das weiß ich - viele von euch sich Gedanken gemacht haben, die von mir und meiner Arbeit gehört haben, die ich privilegiert war auszuführen in meiner letzten irdischen Verkörperung unter Saint Germain – bevor ich mein äußeres Gewand in meinen Ewigen Lichtkörper erhob, in die Oktave der Aufgestiegenen Meister, von wo aus ich zu euch jetzt spreche.

Ich habe nicht wirklich meine fleischliche Form erhoben, sondern mit der Göttlichen Hilfe, die das neue Zeitalter des Lichts, in das wir nun eintreten, zulässt, war ich in der Lage, meine anderen Körper, die unabhängig von der Fleischform existieren, in ihre Ewige Vollkommenheit zu erheben. Und das ist ein Privileg, das viele von euch haben werden, und tatsächlich auch das Privileg, die Fleischform zu erhöhen, denn sind wir nicht – und ich sage *Wir* – alle eine große Familie, die diesen Planeten lieben? Wir treten nun in einen Zyklus ein, in dem das Große Kosmische Licht sich in einem Ausmaß ausdehnen wird, dass es das große Licht jenen leichter machen wird, die das Licht lieben; und dieses Licht wird so intensiv werden, dass es wirklich in alles

Leben und alle menschlichen Beziehungen eindringt. Bald werdet ihr feststellen, wie die alten menschlichen Beziehungen Göttliche Beziehungen werden, wie die alten menschlichen Sorgen und Kümmernisse von euren Schultern genommen werden, und wie die Luft, die ihr atmet, die Nahrung, die ihr einnehmt, und die Substanz eurer Formen mit diesem Licht aufgeladen werden. Wie herrlich wird das sein! Könnt ihr es nun sehen, ihr lieben Herzen? Könnt ihr nicht schon die Liebe fühlen, die Harmonie, den Frieden und die Weisheit, die vorherrschen werden, die bald über die Erde in höchster Herrschaft regieren werden?

In dieser schnell herannahenden Neuen Zeit werdet ihr die Erde nicht verlassen wollen. Ist das nicht eine Überraschung für jene unter euch, die so sehr nach ihrem sofortigen Aufstieg verlangen? Nun, es sollte keine Überraschung sein für euch, die das Gesetz wirklich anwenden, die das Gesetz leben und sich in die bewusste, aktive, harmonische Herrschaft ihrer großen Gottes-Flamme, das ICH BIN, hineinbewegen, denn indem ihr das Gesetz aufrichtig anwendet, beginnt ihr, die große erhebende Kraft und die Erhöhende Aktivität dieser großen Gottes-Flamme zu fühlen; und sehr bald werdet ihr spüren, wie dieses Licht intensiver wird in allen Bereichen eures Seins und eurer Welt.

Auch wenn es so scheint, dass sich euch dieses Licht von selbst aufdrängt, wisset, dass es nicht in euer Leben oder eure Welt treten wird, wenn ihr es nicht lasst und es nicht darum bittet, dies zu tun; denn ihr habt einen freien Willen und euer Göttliches Selbst wird sicherlich nichts von euch zurückziehen oder sich auf irgendeine Weise einmischen in das, was Sein eigenes kostbares Geschenk an euch war: eure eigene Freiheit, zu wählen, was ihr sein werdet. Denn ihr sollt ein für allemal wissen, ihr Lieben, Gott wird Sich euch nicht aufzwingen. Nur euer aufrichtiger Wunsch und Ruf wird diese Gegenwart zu euch ziehen. Wenn jemand von euch skeptisch ist, so sage ich euch, warum versucht ihr es nicht? Versucht es einfach, ihr lieben Herzen. Ihr werdet sehen, dass ich weiß, wovon ich rede! Es ist schon seltsam; habt ihr euch je gefragt, wie das gesegnete Kind so viele Dinge weiß, ohne dass es ihm irgendjemand gesagt hat? Solltet ihr dann nicht das Gleiche tun können wie ein Kind? Ihr wart alle, wenn ich mich nicht irre, einst Kinder; oder fühlen sich nun vielleicht einige so weit fortgeschritten, dass sie es nicht mehr zuzugeben brauchen? Wie auch immer, ich habe immer gestaunt, wie ein Kind, das wirklich etwas wissen will, sich hinsetzt und mit sich selbst spricht, bis es das versteht, was es wissen will. Wer, glaubt ihr, ist dieses ‚Selbst‘, von dem das Kind seine Antwort bekommt, ohne eine Ahnung zu haben, wer es ist? Es ist natürlich sein eigenes Göttliches Selbst. Es ist so einfach. Auch ihr müsst diese Einfachheit erlangen, wenn ihr ein Meister werden wollt. Hat nicht ein großer

Meister gesagt, „Ihr müsst werden wie die Kinder, wollt ihr in das Himmelreich kommen"?

Und seht, wie dieses Kind, wenn es keine zufriedenstellende Antwort erhält, keine Bedenken hat, zu einem anderen Kind zu gehen oder zu einem Erwachsenen und zu fragen, „Kannst du mir helfen?". Und so solltet ihr uns gegenüber immer fühlen, die wir eure älteren Brüder und Schwestern sind, dass ihr uns immer um Hilfe bitten könnt.

Ruft zuerst euer Göttliches Selbst an. Wenn das, wofür ihr in aller Aufrichtigkeit angerufen habt, sich nicht einstellt, dann zögert nicht, uns anzurufen – denn für jene, die aufrichtig sind, sind wir immer zugegen. Ich darf euch sagen, dass ich jetzt präsent bin für euch, die mehr wissen wollen über dieses Große Gesetz – das ICH BIN – das einzige Gesetz, das jemals war, ist oder sein wird.

Jedoch möchte ich euch bitten, ihr lieben Herzen, dass ihr einige Zeit damit verbringt, die Bedeutung meines Namens zu verstehen, bevor ihr mich anruft. Dann werdet ihr wissen, wer ICH BIN und was die Besonderheit meiner Aktivität ist, die ich das Privileg habe, der Erde darzubieten. Seht ihr, ICH BIN ist ein FREIER LICHTSTRAHL von Gott, und ICH BIN das volle Aufgestiegene Bewusstsein dieses Strahls – volle Herrschaft – denn das Licht Gottes ist König.

Also seht ihr, wenn ihr mich anruft, ruft ihr in Wirklichkeit eure Eigene Göttlichkeit an; und wenn ihr eure eigene Gott-Gegenwart anruft, ruft ihr mich an, denn im Bewusstsein des Individuellen Strahls, der ein jeder von uns ist, sind wir Eins. Dieser Strahl ist Gott, aus Einem Geist, Strahlen von einer Zentralsonne, und indem ich euch helfe, diese innewohnende Göttlichkeit zu erkennen, kann ich für jeden von euch vielleicht von besonderer Hilfe sein. Und es ist mein großes Privileg, das zu sein. Dennoch möchte ich euch bitten, dass ihr, wenn ihr mich und andere der Aufgestiegenen Schar anruft, zuerst diesen individuellen Gottes-Strahl bekräftigt, der ihr seid, ICH BIN, und dann erst die Gegenwart des speziellen Meisters, dessen Hilfe ihr begehrt; und die Art und Weise, die ich erbitte, das zu tun, ist durch diese Affirmation: ICH BIN. Sagt: „ICH BIN die Gegenwart von Godfre Ray King."

Seht ihr, indem ihr zuerst euer eigenes Selbst bekräftigt, bekräftigt ihr eure eigene individuelle Göttlichkeit, welche es ermöglicht, dass, welche Göttliche Qualität ihr auch immer angerufen habt, diese sich in und durch euch manifestiert. So dehnt ihr eure eigene Gottes-Flamme aus, anstatt euch auf eine Gegenwart außerhalb eurer selbst zu verlassen, was euch nur in Abhängigkeit halten und euch schwächen würde – was wir nicht zulassen werden.

Vergesst nicht, liebe Herzen, wir sind eure Brüder, und auch Schwestern – denn es gibt natürlich auch viele weibliche Meister – und eure Akzeptanz uns gegenüber eröffnet uns Möglichkeiten, euch zu helfen. Wir werden jedoch nicht eure Arbeit für euch tun – lasst mich das ganz klarstellen – und es gibt auch keine Möglichkeit, wie wir eure Arbeit für euch tun könnten, so wenig, wie wir, wenn ihr hungrig seid, sagen könnten, „Wir essen für euch eine Mahlzeit." Es würde nicht funktionieren, nicht wahr? Ihr wärt immer noch hungrig. Und ebenso kann auch das Leiden eines Bruders, der am Kreuz litt, nicht euer Leiden jetzt lindern, außer ihr wendet seine Lehre an und lernt durch sein Beispiel. Nehmt seine Liebe an und werdet Eins mit demselben Vater – der ICH BIN-Gegenwart – wie es unser geliebter Jesus tat, der später als der Christus bekannt wurde, und der jetzt hier bei mir ist.

Jedoch BIN ICH, GODFRE RAY KING, die volle Akzeptanz und Herrschaft dieses Christus – der Gott-Gegenwart – die Jesus war und die auch ihr sein könnt:

ICH BIN GOTT IN AKTION.

Dieses besondere Bewusstsein ist mein Geschenk an euch – ein kristallener Kelch. So wie das ICH BIN das Bewusstsein des Christus ist, gebe ich euch diesen kristallenen Kelch des Lebendigen Christus, damit ihr aus Ihm trinken und euren Ewigen Sieg erlangen mögt. Ich danke euch.

DISKURS 5

JESUS

Meine Kinder, ich möchte einige wenige Worte hinzufügen zu dem, was unser guter Bruder gerade gesagt hat. In meinem Dienst vor zweitausend Jahren, über den vieles noch nicht bekannt ist, war ich bestrebt, ein Beispiel zu setzen, wie man trotz des enormen Widerstandes der Welt diese dennoch überwinden kann. Wenn ich nun ein besonderes Wesen gewesen wäre, auf übernatürliche Weise geboren, wäre dann mein Beispiel eines, dem alle folgen könnten? Natürlich nicht.

Wie ihr wurde ich durch menschliche Eltern geboren, durchlebte eine Kindheit und lernte durch ernsthaftes Suchen und Meditation meine eigene Göttlichkeit kennen – wie auch ihr eure erkennen dürft – und für diesen Zweck kam ich in die Welt, um die vom Weg abgekommenen verlorenen Schafe durch ein Beispiel zurück zum Licht zu führen. Das Wesentliche dieses Beispiels ist bis zum heutigen Tag noch immer in der Legende des Evangeliums aufgezeichnet.

Ich wünsche für euch, dass ihr meine Geschichte nicht aus Anbetung und Verehrung lest, so schön eure Liebe für mich ist, sondern aus dem Verlangen heraus, das zu sein, wofür ich euch ein Beispiel gegeben habe, die Wahrheit über die ICH BIN-Gegenwart zu kennen – die der Christus in euch ist – und diese Meister-Gegenwart zu werden.

Wenn ihr euch nur die Geschichte des Evangeliums anschaut und die Wahrheit des Geistes seht, die in diesen von mir gesprochenen Worten enthalten ist, nicht die Interpretationen, die Fanatiker und Frömmler – die nachfolgenden Schriftgelehrten und Pharisäer, die auch heute noch am Werk sind – meinen Worten gegeben haben, dann werdet ihr beginnen, die Wahrheit zu erfassen. Erinnert euch, der Buchstabe tötet; es ist der Geist, der Leben gibt, denn Gott ist Geist; und ihr sollt Ihn im Geist und in der Wahrheit verehren, und die Wahrheit, meine Lieben, ist, dass, auch wenn ich das Christus-Bewusstsein heute auf der Erde repräsentiere, ihr das Christus-Bewusstsein nur durch eure eigene demütige Bemühung erlangen könnt. Es war ganz genau derselbe Weg, durch den ich meinen eigenen Sieg errang; und durch mein Beispiel, mein Opfer und die Strahlung meiner Liebe, werdet ihr ganz sicher euren eigenen Sieg erringen, eure Auferstehung und euren Aufstieg. Wahrlich, ich sage euch, wie ICH BIN der Christus ist, so werdet ihr es sein. Seht ihr nicht, Christus ist gekommen! Ich danke euch.

DISKURS 6

QUAN YIN
GÖTTIN DER GNADE

Liebe Kinder, so sehr habe ich mir seit langer Zeit gewünscht, zu euch zu sprechen. Ich bin so voller Liebe für euch alle, ich wünschte, ich könnte euch alle in meine Arme nehmen. Ja, um euch die Schönheit zu zeigen und die Freude fühlen zu lassen, den stillen Frieden des Aufgestiegenen Zustandes, der alles menschliche Verstehen übersteigt. Denn seht ihr, hier ist man von allen irdischen Sorgen frei. Wachstum jedoch geht weiter; Wachstum geht immer weiter. Wachstum ist das ewige Merkmal allen Lebens. Wenn etwas aufhört zu wachsen, ist es nicht mehr in Phase, nicht mehr in Harmonie mit dem Leben, und so beginnt das Leben, es zurückzulassen. Das Licht wird immer matter und matter, bis diese Sache oder Situation, die nicht mehr wächst, nicht mehr genug Licht hat, um sich zu erhalten – und so hört sie auf zu bestehen. Das muss jedoch nicht so zu sein. Ach, wie viele Tränen blieben dem Menschen erspart, wenn er das erkennen würde; denn seht, auch wenn wir euch immer wieder Chancen zum Lernen geben würden, damit ihr von eurer Erfahrung profitiert, wenn ihr euch weigert zu sehen, dass in jeder Erfahrung eine Lektion enthalten ist, ein Göttlicher Plan für euer

Wachstum und Wohlergehen, nun, dann können wir für euch nichts tun; denn ihr seid Meister eures eigenen Schicksals und wir können uns in die Entscheidungen, die ihr trefft, nicht einmischen. Wir können euch nur Lieben und über euch das große Licht Göttlichen Verstehens ausgießen, damit das Licht und mitfühlende Verstehen und die Weisheit aus unserem Reich euren Pfad erleuchten und euch zu eurem Sieg führen mögen; und dass die Liebe, die wir für euch haben, ihr auch für eure Kameraden habt – denn niemand müht sich allein ab. All die Mühen im Wachstum werden erleichtert, sobald man danach strebt, den Schmerz und die Sorgen und Mühsal anderer zu erleichtern. Vergesst nicht, *Was ihr dem Geringsten meiner Kleinen getan habt, das habt ihr mir getan.* Wisst ihr, manchmal ist es so leicht, eine Kleinigkeit zu tun, die einem anderen so viel bedeuten mag – und sei es nur, jemandem auf die Schulter zu klopfen.

Habt nicht das Gefühl, dass ihr euch in die Gerechtigkeit einmischt, wenn ihr Barmherzigkeit zeigt, denn ich versichere euch, liebe Kinder, Gerechtigkeit ist unaufhaltsam. Göttliche Gerechtigkeit kann so wenig aufgehalten werden hervorzukommen, wie die Sonne nach einem Regenguss. Doch gebt Acht, dass ihr euch im Vollzug dieser Gerechtigkeit, welche das Göttliche Gesetz im Leben desjenigen zur Wirkung bringt, dem ihr helft, in eurem menschlichen Verständnis von Barmherzigkeit nicht von Mitleid vereinnahmen lasst. Das wäre nämlich nicht Barmherzigkeit, sondern Torheit. Nichts wäre durch euer eigenes Leiden gewonnen, wenn das Leiden desjenigen, dem ihr helfen wollt, tatsächlich fast ausnahmslos verursacht ist durch einen Verstoß gegen, bzw. eine Blindheit gegenüber Aspekten des Gesetzes; und Leid ist der einzige Weg, wie das individuelle Gott-Selbst das individuelle menschliche Bewusstsein zu dieser Einsicht kommen lassen kann. So seht ihr, manchmal ist es die größte Barmherzigkeit, zur Seite zu treten und mit der ganzen Liebe eures Herzens jenen zu segnen und ihn in den Mantel des Mitgefühls zu hüllen. Erinnert euch an den Unterschied zwischen Mitgefühl und Mitleid; Mitleid kommt aus der menschlichen Schwäche und dem Unvermögen, das Gesetz zu verstehen, Mitgefühl kommt von Gott und ist Göttlich – und dieses Mitgefühl in Aktion ist Barmherzigkeit. Das Barmherzigste, das ihr tun könnt, ist, in euren Gedanken und mit euren Gefühlen gegenüber anderen immer tolerant zu sein und über jedes Lebewesen nur Gutes zu denken. Das ist es, was wahre Barmherzigkeit ist. Ich danke euch!

DISKURS 7

GÖTTIN DER LIEBENDEN
WOHLTÄTIGKEIT

Ihr Lieben, wisst ihr, was Wohltätigkeit – wahre Wohltätigkeit – ist? Meine liebe Schwester Quan Yin hat euch gesagt, dass Barmherzigkeit, welche die Aktivität ihrer Natur ist, Mitgefühl in Aktion ist. In einem erweiterten Sinn sind also ihre Aktivität und meine Aktivität, welche die Aktivität der Wohltätigkeit ist, beide die gleiche große Aktivität, und zwar die der Liebe – das Ausgießen der Liebe Gottes in die Welt. Und diese Liebe ist die eigentliche Essenz des Christus, denn Gott ist Liebe. Das größte Geschenk, das ihr einander geben könnt, ist Liebe. Die Art und Weise, Liebe zu schenken, ist Liebe zu sein:

***ICH BIN die
Liebende Wohltätigkeit Gottes,
die sich überall in den Geist und in die
Herzen der Individuen ergießt.***

Dies wird eine unschätzbare Hilfe sein, wenn ihr denn mit dem Liebesdienst beginnt, welche die Mission des Christus ist. Denkt darüber nach, meine Lieben; und während ihr denkt, seid dieser Christus und ihr werdet sehen, wie sich eure ganze Welt verändert. Was ihr ausströmt, was ihr in die Welt ausstrahlt, kommt zu euch vielfach verstärkt zurück. Wenn ihr also eure Liebe anderen gebt, werdet ihr mit Sicherheit geliebt werden; und ich kenne keinen von euch, der nicht gern mehr Liebe hätte, denn ist Liebe nicht das Wichtigste im Leben? Auch wenn die Männer vielleicht sagen mögen, ich sei in dieser Richtung zu sehr eingenommen, da ich das weibliche Attribut der Flamme in mir trage; aber ich glaube, dass ihr Frauen, wenn ihr die Männer fragt, finden werdet, dass auch sie nach Liebe verlangen. Ist das nicht so?

Natürlich muss die Liebe ausgewogen sein. Diese Ausgewogenheit findet man nur im Christus – der Gegenwart der Gottesflamme in euch. Wollt ihr diese Liebe, die ihr begehrt, finden, müsst ihr zuerst diese Flamme finden und in ihr verweilen. Jenen, die das Gefühl haben, sie seien ‚durch die Liebe verletzt worden', sage ich, diese Liebe kann niemals verletzen. Es ist Wahre Liebe – euer Nahtloses Gewand, euer Ewiger Schutz – die alles, was nicht sie selbst ist, verzehrt.

Liebe besiegt alles, denn Gott ist Liebe und vor Liebe muss jede Unvollkommenheit, jede Disharmonie verblassen; denn diese Liebe ist ein großes Licht, das allen Raum, alle Materie, alles Bewusstsein mit Sich Selbst erfüllt und alle Dinge aus Sich Selbst heraus versorgt. Meine Lieben, ich bitte euch inständig, seid Liebevoller zueinander, denn seht ihr nicht, dass der ‚andere' in Wirklichkeit nur ein anderes Gesicht eures eigenen Selbst ist?

ICH BIN hier, ICH BIN dort, ICH BIN die einzige Gegenwart überall; die Liebe Gottes in Aktion.

ICH BIN euer; ruft mich an. Wenn ihr beim Meditieren Schwierigkeiten habt, werde ich euch helfen, wenn ihr in der Stille eures Wesens schweigend affirmiert:

ICH BIN Liebende Wohltätigkeit.

Ich glaube, ihr werdet meinen Einfluss sehr beruhigend finden. Solltet ihr einen dreifachen Segen wünschen, ruft VERTRAUEN, HOFF-NUNG und WOHLTÄTIGKEIT zusammen auf, denn wir drei repräsentieren drei Aspekte dieser Einen Flamme, und ihr werdet für euch entdecken, wer wir sind und was wir tun können. Denkt daran, ICH BIN ist der Glaube, die Hoff-nung und die Liebende Wohltätigkeit Gottes in Aktion – eine Unterhaltende Kraft, die euch zu eurem sicheren, gewissen Sieg trägt. Ich danke euch.

DISKURS 8

GÖTTIN DER ANMUT

Auch wenn ich meine Worte ebenso an die Herren richten möchte wie an die Damen, bin ich im Herzen besonders bei euch Damen, die diese bestimmte Anmut besitzen, welche die Menschheit im Leben so sehr vermisst und für deren ausgleichende Note sie auf euch seltene Geschöpfe baut. Bald wird die Menschheit Anmut oder andere Eigenschaften, die man früher ‚feminin‘ nannte, nicht mehr als allein weibliche betrachten, sondern als Göttliche Eigenschaften, die im Leben von allen Kindern Gottes kultiviert und praktiziert werden müssen. Was ihr mit der Kennzeichnung ‚männlich‘ und ‚weiblich‘ meint, bezieht sich nur auf die fleischliche Form, während die höhere Natur und ihre maskulinen und femininen Attribute besser beschrieben werden könnten als vorherrschend mentale, bzw. vorherrschend fühlende Natur. Auch wenn jede Flamme beide Attribute, Denken und Fühlen manifestiert, überwiegt gewöhnlich eine der beiden, und deren Wesen nennt man dann maskulin, wenn sie überwiegend mental, und feminin, wenn sie überwiegend fühlend erscheint – obwohl im Vollkommenen Christus-Wesen beide Attribute der Flamme vollkommen ausgewogen sind, keine überwiegt, beide arbeiten zusammen als das Eine, das sie tatsächlich sind. Nur in der materiellen

Welt kennen wir die Dualität, die wir heute haben, denn die Dualität ist die wesentliche Natur der Materie. Die Natur der Dualität ist Leiden, denn wo Zweiteilung ist, wird sich jede Hälfte immer nach dem anderen Teil ihrer Selbst sehnen und anstreben, sich mit ihm zu vereinigen und zu vervollkommnen; und hiermit haben wir das Material für eine Abhandlung über die Geschichte des Leidens in der Welt – aber ich erspare euch das, denn ich habe das Gefühl, dass ihr mit dem Leiden hinreichend vertraut seid. Aber versteht, worum es geht: Nur durch die bewusste Rückkehr des Individuums zu seiner einzigen Flamme in ihm selbst kann es seinen verlorenen Stand wieder zurückerlangen, das Glück, die Vervollkommnung, das Einssein, das sein Geburtsrecht und seine Bestimmung sind. Wie lange ihr nach dieser Freude im äußeren Streben nach äußeren Dingen und äußeren persönlichen ‚Liebes-Beziehungen‘ sucht, bleibt euch überlassen, denn ganz gleich, wie nahe ihr einem anderen Gotteskind sein mögt, und wie ‚verliebt‘, und ganz gleich, wie dieses in euch ‚verliebt‘ sein mag, ist es nicht die Wahre Liebe der Gottes-Flamme – die der einzige Zugang zur Ewigen Liebe, Vollkommenheit und Freiheit eures Gott-Selbst ist. Solange ihr das Streben nach allen äußeren Dingen nicht aufgebt und zur Gegenwart in euch zurückkehrt, so lange werdet ihr die Vervollständigung entbehren, die Ausgeglichenheit, das Glück, nach dem ihr euch so sehnt.

Wie sehr der Mensch auch schreit und das Beste von beiden Seiten begehrt; ihr wisst, dass es nicht möglich ist. Ihr habt entweder die spirituelle Welt des Einen – Reinen – Vollkommenen Daseins, oder die materielle Welt der Dualität, wo ihr zwischen vorübergehenden menschlichen Freuden und deren nachfolgendem Kummer hin und herpendelt – die Welt des Leidens. Selbstdisziplin, Meisterschaft, ist der einzige Ausweg aus dieser Dualität, in die ihr hineingeboren worden seid und aus der ihr euch schließlich erheben und zum Vater heimkehren müsst.

Das Licht sucht seinesgleichen. Wenn der Mensch dieses Licht blockiert, ist das Ergebnis innerer Konflikt und Leiden. Wenn ihr leidet, gebt niemandem die Schuld außer euch selbst. Gebt euch nicht gegenseitig die Schuld für euer Leiden, ihr Lieben. Besonders ihr Ehepaare, streitet nicht, wer im Unrecht ist oder wer von euch was tun muss – das ist nicht der Weg, seht ihr das nicht? Liebe ist nicht etwas Verhandelbares. Nur der Friede und die Gnade der Göttlichen Liebe in euch können die Tür eurer menschlichen Schöpfung zum Reinen Königreich der Einen Flamme aus Reiner Ätherischer Substanz, deren ureigenste Natur Unbegrenzte Freude ist, öffnen. Wenn ihr einmal diese Freude gekostet habt, werdet ihr sehr dankbar sein, dass ich euch daran erinnere, durchzuhalten, festzuhalten an dem, wovon ihr wisst, dass es richtig ist. Wenn ihr festhaltet an dem, wovon ihr wisst, dass es das Richtige ist, wird euch jeder Schritt ausgeleuchtet, nicht der ganze Weg auf einmal, sondern jeder Schritt, wie ihr ihn nehmt, einer nach dem anderen; und es liegt an euch, diesen Schritt in vollkommener Ausgewogenheit und in vollkommener Anmut zu tun. Ihr seht nun, dass all diese Eigenschaften wie Anmut, Liebenswürdigkeit, Wohltätigkeit und Frieden von allen Gotteskindern sehr gebraucht werden; und bis ihr zu dieser einen Einzigen Flamme zurückkehrt und für ewig eure materielle Form und Welt aus der Welt der Dualität in den Aufgestiegenen Zustand erhebt, wer von euch besitzt da etwa die vollkommene Ausgeglichenheit, um die Stufen zur Meisterschaft ohne Hilfe, ohne unsere helfende Hand zu begehen? Vergesst nicht:

ICH BIN die Gnade Gottes.

Wenn ihr meine Hilfe oder die eines anderen Aufgestiegenen Meisters wünscht, fühlt euch frei, uns anzurufen; und im Namen der Gnade, die ICH BIN, ihr werdet erhört. Ich danke euch.

DISKURS 9

HILARION

Eines Tages stellte einer der Schüler, der unter meiner Führung und Unterweisung stand und noch steht, eine Frage an jenen, zu dem ich ihn seinerzeit zur Unterweisung geschickt hatte; und die Frage an jenem Tag war allen Ernstes, „Wie sieht der Körper Gottes aus?" Nun, ich darf euch sagen, und ich hoffe, dass ich niemanden in seinem Sinn für Anstand verletze, dass auch wir Sinn für Humor haben und dass ich darüber herzlich lachen musste; und die beiden beteiligten Individuen lachten auch, denn man kann wohl sagen, dass mein Lachen ansteckend ist.

Die Wahrheit an der Sache ist wirklich so einfach, dass sie euch in jedem Moment eurer Existenz direkt ins Gesicht starrt. Es ist für uns erstaunlich, dass diese elementare Wahrheit heutzutage, wo doch die Wissenschaft der Menschheit so weit vorangeschritten ist, immer noch unbekannt ist. Nun, natürlich waren wir sehr erfreut über diese Frage; tatsächlich wünschen wir uns wirklich, ihr würdet öfter an uns Fragen stellen, solange ihr aufrichtig seid, denn nur indem ihr Fragen stellt wie ein Kind es tut, eröffnet sich euch Wahres Verstehen. Ganz gleich, wie schlicht die Frage auch sein mag, wenn ihr wie ein Kind fragt, zögern wir nicht, euch zu antworten oder

dafür zu sorgen, dass euch die Antwort so zu-
kommt, dass ihr sie unmittelbar erfassen könnt.
Und ich darf euch sagen, dass euch dem Grad
eurer Aufrichtigkeit, dem Grad eurer wahren
Wissbegierde entsprechend die Antwort gegeben
wird – denn jede Anrufung, jede Frage im Geist
des Menschen ist ein Magnet; und dieser Magnet
zieht unaufhaltsam zur vollkommen richtigen
Zeit die Antwort an. Selbst jenen, die dieses Große Gesetz nicht kennen – wie man die Anrufung
unmittelbar an seine eigene Gottheit richtet – die
auf ihre eigene Art beten, wird dem Grad ihrer
Aufrichtigkeit entsprechend geantwortet; denn
jeder Gedanke an jedem Punkt im Universum,
ganz gleich, wie entfernt er ist, wird gehört und
beantwortet, wenngleich natürlich nicht so unmittelbar, als wenn das Individuum die Anrufung
direkt an sein eigenes Göttliches Selbst gerichtet
hätte.

So seht ihr, wie wichtig es ist, zu wissen, was
ihr wollt, und wie wichtig es ist, nur das zu sagen,
was ihr meint, und nichts zu sagen oder auch nur
zu denken, ob über euch selbst oder einen anderen, das ihr nicht meint oder nicht wünscht, dass
es geschieht – denn Gedanken sind Dinge – sie
gehen hinaus ins Universum und agieren gemäß
dem Gedanken und Gefühl desjenigen, der ihn
aussendet, bewusst oder unbewusst. Ihr müsst
wissen, das Universum ist wie eine große Tele-
fonzentrale, und jeder von euch bedient es; jene,
die beten, bitten, dass ein anderer Bediener, ir-

gendein unbekannter ‚Gott‘, den Anruf für sie durchstellt, während derjenige, der seine eigene Gottflamme kennt, welche die zentrale Schaltzentrale ist, und mit ihr in Verbindung ist, den Anruf selbst durchstellen kann; und er wird zu einem der Helfer, der, wenn er in seinem Wusch zu dienen aufrichtig ist, die Anrufungen anderer beantworten und durchstellen kann. Ihr seht, das Universum ist eine große Hierarchie. Wie auf der Erde gibt es Länder, Staaten, Landkreise, Distrikte und Wohngebiete, die alle von ihren dazugehörigen Regierungen, Versammlungen, Kommissionen, Räten und Verbänden verwaltet und repräsentiert werden, und ebenso gibt es auch auf allen Ebenen der Göttlichen Schöpfung ähnliche Verwaltungs-Organe für die Kontrolle und Verteilung des Unendlichen Vorrats, des Grenzenlosen Lichts, das überall ist, und das sich manifestiert, je nach Bedarf und Anrufung, entsprechend der Schwingungsebene und Stärke am Ort der Schöpfung, an dem sich das Individuum in seinem gegenwärtigen Entwicklungsstand befindet.

Der Grundgedanke jeglicher Schöpfung ist Ordnung; und diese Ordnung wird aufrechterhalten durch die Göttliche Hierarchie, in der wir, die Aufgestiegenen oder ‚auferstandenen‘ Meister, für die Erde die Hauptinstanz sind. Ihr sollt auch wissen, dass es Kosmische Meister gibt, unter denen einige sind, deren Körper ganze Sonnensysteme umfassen; auch gibt es Engel, Seraphim, und winzige Elementarwesen, die im kleinsten

Atom zu arbeiten vermögen – Leben ist überall. Nirgendwo gibt es kein Leben. Dieses Leben ist Licht – Intelligenz – Weisheit – Kraft – und Liebe, welche Vollkommene Ordnung sind. Und so, wie ihr die Großen Gesetze der Ordnung zu verstehen lernt, lernt ihr zu verstehen, wie alles zusammengefügt ist und wie jedes ‚Ding' funktioniert. Und ihr werdet euch selbst verstehen. Ihr werdet das Große Selbst verstehen, das ihr Seid, und werdet alle Dinge verstehen:

Mensch, Erkenne Dich Selbst!

Beginnt ihr nun zu verstehen, meine Lieben, was der Körper Gottes ist? Ich hoffe es. Denkt einmal darüber nach.

Denkt nach über die Große Zentrale Flamme im Zentrum eures Seins. Verweilt in Anschauung bei ihr und erlaubt ihr, sich auszudehnen, bis ihr in ihrer Mitte seid und sie völlig um euch herum und in euch ist. Seht, welch eine Sonne ihr nun geworden seid! Welch eine Sonne Ihr *Seid*! Und das ist das Muster aller Schöpfung. Versteht die Gesetze, die euer eigenes Licht lenken, und ihr werdet die Gesetze verstehen, die alles Licht lenken. So, wie ihr eine Sonne werdet – denn jeder von euch ist eine Sonne im Werden – so wurde die Sonne dieses Sonnensystems eine Sonne, wie auch jedes Elektron; denn das Bewusstsein, das Gesetz, die Intelligente Elektronische Substanz der Großen Zentralsonne bildet, beseelt und unterhält mit ihrem geordneten Betrieb und in ihrer freudvollen Existenz den Fortbestand aller Schöpfung.

Unter allen Wesen gibt es nur im Geist des Menschen ein Bewusstsein des Mangels, einen Mangel an Ordnung. Ist es nicht erstaunlich, dass Gott im Leben einer Seiner großartigsten Schöpfungen Unordnung, Mangel, Leiden und Verzweiflung zulassen sollte? Oh, ihr lieben Herzen, wann werdet ihr sehen, dass es diese Dinge nicht gibt, außer im Geiste, in den fünf Sinnen der materiellen Welt, aus dem sich der menschliche Geist zusammensetzt; denn der Geist – im menschlichen Sinn – ist Materie, Stoff, und hat ein materialistisches ‚Mangel-Bewusstsein‘, das in ‚Ich‘ und ‚Mein‘ denkt, und das sich mit den Gegebenheiten der materiellen Welt identifiziert und sich an sie bindet – daher die Welt der Illusion, die Welt des Leidens und des Schmerzes. Denn wenn ihr wüsstet, dass ihr nicht dieser Geist seid, sondern der Göttliche Geist, der das Herz Gottes ist, dass dieses Licht und Bewusstsein des Schöpfers in euch ist, dann wärt ihr frei vom Mangelbewusstsein; dann wärt ihr frei von aller Illusion, gänzlich rein und Vollkommen. Dann wärt ihr Eins mit der Glückseligkeit – denn Licht ist überall Glückseligkeit und Weisheit. Wer das versteht und es in jedem Teil seines Wesens wird, der ist frei, der ist ein Bewusster Schöpfer, ein Gottwesen. *Wisst ihr nicht, dass ihr Götter seid?*

Unsere Anatomiestunde neigt sich nun dem Ende zu, auch wenn sich die Schule, in der wir alle ein Teil sind, nie dem Ende zuneigt. Denkt über diese Dinge nach, über diese kleine Saat, die ich euch heute gegeben habe. Wenn ihr diese Saat zur Seite legt, aufbewahren wollt für einen ‚Regentag‘, werdet ihr sie verlieren – bestenfalls wird sie nur eine Saat bleiben. Wenn ihr aber diese Saat sofort einsetzt, mit anderen Worten, wenn ihr dieses große Gesetz in die Tiefe eures Wesens aufnehmt und dort darüber meditiert, sie mit eurem Licht und eurer Liebe hegt, und ihr die Freiheit gebt, die sie braucht, um zu wachsen, dann werdet ihr etwas davon haben – und welch ein Etwas!

Dies ist das *Senfkorn*, das die kleinste aller Saaten zu sein scheint, das Jesus jedoch mit dem Königreich des Himmels verglich. Dies ist die Idee im Herzen des Menschen – das Bild dessen, was er zu werden vermag: ein Gott. Und das Gefühl der Realität dieser Idee in eurem Herzen ist die *Köstliche Perle,* die Perle, deretwegen sich ein weiser Man von all seinem Besitz trennte, um sie zu erhalten. Seid gesegnet, meine Kinder. Ich danke euch.

62

DISKURS 10

SANAT KUMARA

Meine Lieben, wenn ich euch ein wenig von mir erzähle, werdet ihr vielleicht die Aktivität, die ich repräsentiere für eure Erde, besser verstehen. Ich bin einer der leitenden Meister des Planeten Venus, ein Teil der Hierarchie, die eurer eigenen Hierarchie der Aufgestiegenen Meister ähnelt, der Großen Weißen Bruderschaft, mit der ihr nun lernt zu arbeiten und ein Teil davon zu werden, und deren Arbeit und Zusammenarbeit Liebe in mein Herz bringt; denn wüsstet ihr, wie lange ich auf diesen Tag gewartet habe, würdet ihr mich als eine wirklich geduldige Seele betrachten – und eine solche bin ich, denn Liebe ist geduldig. Ich war so geduldig, dass ich zu der Zeit, als das Ende eines früheren Zeitalters der großen Evolution der Erde nahte und die Dinge so dunkel wurden, dass man nicht mehr glaubte, die menschliche Rasse könne lange überdauern, und viele derer, die sich wünschten, mit der eigenen Entwicklung fortzufahren, dachten, es wäre am besten, die Erde ihrem eigenen, selbst erschaffenen Schicksal zu überlassen, dass ich hervortrat und sagte: „Nein, ich glaube, die Menschen auf der Erde können gerettet werden. Ich werde zu diesem Planeten gehen." Mit all der Liebe jener, die ihre Hilfe anboten und die ich aussuchte mitzukommen, kam ich auf die Erde und richtete hier mein Heim ein; und viele Millionen Jahre wartete ich geduldig, bevor ich wusste, ob ich Erfolg haben würde oder nicht. Nun weiß ich, dass das der Fall ist und ich danke euch. Ich danke euch mit der ganzen großen Liebe meines Herzens; und von all denen, die mit mir gingen, bringe ich Freude und Segenswünsche vom Volk der Venus – denn wie ihr vielleicht wisst, stehen die Schicksale der Erde und der Venus in enger Beziehung zueinander, wie die Rose und der Stock, an dem sie wächst.

Die Venus ist euer Schwesterplanet, ein Teil der Großen Flamme, aus der die Erde gebildet ist,: euer Zwillingsstrahl, wenn ihr so wollt. Viele sind jetzt Seelen auf der Erde, die Verkörperungen auf unserem bescheidenen Planeten zu der einen oder anderen Zeit hatten, denn alles Wachstum ist ein sich ausdehnender ausgleichender Vorgang. Die Eigenschaften, die Lichtqualität, welche einem in der eigenen Lebenswelt fehlen, sucht man sich woanders – ein Ablauf, der durch nichts aufgehalten werden kann, am allerwenigsten von dem, was gewisse Unerleuchtete den Tod nennen. Alles Leben strebt nach seiner Ewigen Vollkommenheit; und dieses Streben nach Vollkommenheit ist die antreibende Kraft hinter jedem Begehren. Dann und nur dann, wenn dieses Vollkommene Gleichgewicht erlangt wird, ist man zu Wahrer Liebe fähig.

Wahre Liebe ist uneigennützig; sie begehrt nichts für sich selbst, denn sie ist bereits voll. Aus

64

dieser Fülle, aus ihrer eigenen Freude und ihrem eigenen Glück heraus, möchte sie teilen, sich selbst hingeben, sich ausdehnen und Alles umfangen im Wunder ihrer selbst. Das ist die Natur Gottes: Liebe zu geben.

Es ist nur der Mensch, der Verstand, der Liebe ‚braucht‘, denn er ist materiell; Liebe ist spirituell. Das Menschliche ist vergänglich; Liebe ist ewig. Das Menschliche ist überheblich; Liebe ist demütig. Indem es immer außerhalb von sich selbst nach dieser Liebe sucht, mit seinem Eigeninteresse und Stolz, verpasst es genau jene Liebe, die es so sehr begehrt, die Liebe, die so geduldig wartet, und die so schwach im Herzen eines jeden Individuums flackert.

„Aber“, mögt ihr vielleicht sagen, „Ich habe dort schon gesucht.“ Dann sucht wieder und wieder und wieder, bis ihr Sie findet und Sie euer ist; denn Sie ist dort und nur ganz allein dort. Genau dafür kam ich von der Venus und habe so viele Millionen Jahre geduldig gewartet. Könntet ihr nicht versuchen, ihr Lieben, nur für einen Augenblick, das zu finden, was ich euch gebracht habe?

Als erstes müsst ihr ruhig sein. Entspannt euch, während ich euch in Gelassenheit in dieselbe Liebe hülle, die ich in jedes menschliche Herz einpflanze – eine Liebe, die alles menschliche Verstehen überschreitet. Versucht nicht zu verstehen – empfindet. Wenn ihr diese Liebe empfindet, dann spürt ihr mich und ihr habt das Geschenk angenommen, das ich in eure Herzen gebracht habe. Ich bin immer bei euch, denn ICH BIN diese Liebe. Diese Liebe ist das Zentrum Aller Dinge. Es ist diese Liebe, die das Elektron auf seiner Umlaufbahn um den Atomkern hält. Es ist diese Liebe, die die Planeten auf ihrer Umlaufbahn um die Sonne hält. Es ist diese Liebe, die den Geist des Menschen und seine Gott-Flamme zusammenhalten sollte, die Große Zentral-Sonne in euch; denn sogar die Atome des Gehirns gehorchen dieser Liebe und sprechen auf sie an. Auch wenn das Bewusstsein des einzelnen Menschen, der diese Atome verwendet, in eine völlig andere Richtung abschweifen mag, wie es bei den meisten der Fall ist. Hierin lag das Dilemma des Menschen. Während der Geist eines Individuums beginnt, von seiner Mitte abzuschweifen, um eigene Muster zu erschaffen, beginnen genau jene Elektronen, die von diesen neuen Mustern geprägt werden, ihre Mitte zu verlieren. Dann beginnen zuerst die ätherischen Ebenen des Individuums auseinanderzufallen, dann die dichteren Ebenen seiner Welt und die Welt derer, auf denen seine Aufmerksamkeit ruht, bis schließlich die Disharmonie auf der physischen Ebene spürbar wird als Krankheit, Verzweiflung und Unordnung jeder nur vorstellbaren Art; wenn nun eine ganze Gruppe oder Gesellschaft ähnliche Gedanken- und Gefühlsmuster in sich birgt, ist die dadurch erschaffene disharmonische Energie sehr groß. Ist es verwunderlich, dass sich diese Gesellschaften dann in Kriegen, Krisen, Aufruhr und sich in jeder nur erdenklichen Erfahrung von Mangel wiederfinden, deren Entstehung sie schwerlich verstehen?

Wenn diese Krisen zu groß werden, versuchen die darin verstrickten Gesellschaften sich von diesem Druck zu befreien, indem sie es ‚austragen‘, was tatsächlich bedeutet, dass die kollektive Energie der Masse der Elektronen, die der Mensch beeinträchtigt hat, ihr natürliches Verlangen nach vollkommener Ausrichtung, nach Vollkommenheit, erneut geltend macht. Durch die verzehrende Aktivität des Feuerelements, das auflöst und verzehrt, was der Mensch erschaffen und der Masse der Elektronen aufgeprägt hat, kehren die Elektronen zu ihren ursprünglichen Umlaufbahnen um ihr Zentrum zurück, da sie ihre menschliche Anreicherung abgeworfen haben, und bringen die Reinheit und Ausgeglichenheit ihres ursprünglichen Zustandes zum Ausdruck – welches der vollkommene Ausdruck der Göttlichen Liebe ihres Wesens ist, der Wahre, Ursprüngliche und Endgültige Zustand aller Schöpfungen Gottes, überall. Und was auch immer, sei es durch Stolz oder Ignoranz, nicht in die Ganze und Vollkommene Harmonie mit der Göttlichen Liebe seiner Natur kommt, muss sich schließlich auflösen und aufhören zu existieren.

Liebe, das Feuer der Schöpfung, kann auch das Feuer der Zerstörung sein, wenn der Mensch nicht in der Harmonie erschafft, wenn dieses Feuer missbraucht wird. Das ist der Menschheit in der Vergangenheit widerfahren. Durch Missbrauch des Lichts hat sie große Zerstörung verursacht, die, wie es immer sein muss, zu den Verantwortlichen zurückkehrte, und nicht nur sie zerstörte, sondern auch ihre Umwelt und die von ihr bewohnten Kontinente samt Bevölkerung. Ihr seht also, wie gefährlich es ist, mit diesen Atomen zu spielen! Ich möchte hier deutlich sagen: der Versuch des Menschen, die Kraft des Atoms auszubeuten, ist heute die größte und einzige Gefahr für die Existenz der Menschheit, die den unschuldigen Völkern auf der Erde ohne ihr Wissen aufgezwungen wird. Das muss aufhören! Und wir werden dafür sorgen, dass es aufhört. Die Alternative ist zu entsetzlich, als dass der menschliche Verstand sie erfassen könnte. Es ist die alte Geschichte der Pandora und der schönen Büchse. Sie dachte, etwas Gutes gefunden zu haben, aber als sie entdeckte, was es tatsächlich war, war es zu spät, um es aufzuhalten. Sie hatte bereits großes Leiden über die Menschen gebracht, und sie konnte, was sie hatte entweichen lassen, nicht mehr in die Büchse bekommen. Aber wisst ihr, was ganz zuletzt in der Büchse geblieben war? Es war Hoffnung. Hoffnung allein war alles, was geblieben war. Wir haben Hoffnung für die Menschheit, dass sie aus ihrer Vergangenheit lernen wird und Nutzen zieht aus der Weisheit, die Pandora nur zu einem so hohen Preis erlangte.

In dieser Hinsicht trägt jeder von euch eine Verantwortung. Behaltet im Gedächtnis, dass jeder eurer Gedanken und jedes Gefühl die Atome in eurer Welt und der eures Nachbarn beeinflussen, und dass ihr die Verantwortung tragt für das Los dieser Atome. Was die große Leitende Intelligenz dieses Sonnensystems für die Planeten dieses Systems ist, ist euer eigenes Gott-Selbst für euren Körper mit all seinen Bestandteilen, die den Planeten entsprechen – gemäß dem wahren Sprichwort, *wie oben so unten*. So seht ihr also, wie ihr in dieser Weise die gesamte Schöpfung beeinflusst und von ihr beeinflusst werdet.

Ihr habt den Freien Willen und seid Bewusste Schöpfer in jedem Augenblick eurer Existenz und ihr hört nie auf zu existieren, denn das Leben ist Ewig. Beginnt ihr nun eure Verantwortung für das Leben zu erkennen, meine Lieben? Ihr könnt nicht denken, fühlen, handeln oder sprechen – und sprechen ist handeln – ohne dass die Folgen eurer Handlung zu euch zurückkehren. Sie kehren zurück, um ein Vielfaches verstärkt; denn jede ausgesandte Energiewelle ist ein lebendiger Magnet, der gleichartige Wellen anzieht; diese wachsen, sich im Gleichtakt bewegend, zu riesigen Spitzen an, um dann wieder in ihre Quelle zurückzufallen. Sie breiten sich in Furchen aus, sozusagen, und wenn sie ihre Grenze erreichen, kehren sie zurück zum Sender. Wehe dem, der irgendetwas ausgesandt hat, das weniger ist als Liebe, weniger ist als Wohltätiges für seinen Mitmenschen, und das er selbst nicht erfahren möchte; denn es ist das Gesetz der Schöpfung, dass das, was ihr einem anderen zu erfahren verursacht habt, irgendwann, irgendwo, ob in diesem oder in einem anderen Leben, selbst erfahren werdet. Seht ihr nicht, dies ist die einzige Art wie es sein kann. Wie sonst würde der Mensch Verantwortung lernen?

Wenn ihr all eure Erfahrungen im Heute betrachten würdet als partielle Auswirkung früherer Ursachen, die ihr selbst in Gang gesetzt habt, natürlich in Verbindung mit dem Freien Willen, den ihr in jedem Augenblick habt und der euch befähigt zu wählen, Licht von Dunkelheit zu unterscheiden, nach Vergebung zu streben und euch über alle Wirkungen zu erheben, dann hättet ihr eine klarere Sicht auf eure Existenz. Alles, was auf der Erde in der materiellen Welt vonstattengeht, vollzieht sich vorher im Bereich der Gedanken. Die Erde ist der Bereich der Auswirkungen. Ursache und nur Ursache aus dem höheren Bereich der Gedanken ist bestimmend für alles, was hier geschieht. Nur durch Meisterung eurer Gedanken könnt ihr je in den Bereich des Lichts aufsteigen und ein Wesen allein der Verursachung werden.

Denkt daran, auch wenn jede Verursachung ihre Auswirkung hat, und auch wenn ihr die Auswirkungen aller Verursachungen, die ihr in Bewegung gesetzt habt, erfahren müsst, gibt es dennoch Vergebung, ein Gesetz für sich, das euch ermöglicht, euch aus der Welt zu erheben,

70

die ansonsten eine endlose Kette von Ursache und Wirkung ohne Unterbrechung wäre. Durch die Gnade Gottes wurde der Mensch erschaffen nach Seinem Bildnis, und der Mensch hat, wie der Gott, der er ist, die Fähigkeit zu vergeben; und in dieser Vergebung, einer Großen Leuchtenden Flamme, die alle misstönend qualifizierte Energie und bindende Begrenzung, in die sich das Individuum durch viele Zeitalter hindurch gebunden hat, auflöst und verzehrt, liegt diese Flamme Göttlicher Liebe, die alle menschliche Schöpfung auflöst und verzehrt und das Individuum vollkommen Rein und Vollkommen vor das Tor zu seiner Ewigen Freiheit stellt.

Visualisiert das Feuer der Vergebung als eine große Violette Flamme, die an euch herauf, durch euch und um euch und durch eure Welt lodert, die weit unten in der Erde beginnt und mit großen Lichtwellen um euch überall hochschlägt, und sich nach oben schwingt. Wenn ihr diese Visualisierung und Qualifizierung gleichzeitig verbindet mit den Worten „ICH BIN", gebt ihr die Volle Kraft der Flamme frei:

ICH BIN die Violette Verzehrende Flamme, die in mir, um mich und durch mich und meine Welt lodert.

Ihr werdet euch und eurer Welt oder einer Person oder einem Zustand, der oder dem gegenüber ihr euch zu handeln veranlasst fühlt, ganz gleich, an welchem Ort auf der Erde, unermesslich Gutes tun. Bald werdet ihr diese Flamme täglich auf eine Weise verwenden, wie ihr es euch nie erträumt habt, und die Ergebnisse, die ihr erhalten werdet, sind, zu dieser Zeit, jenseits eures gegenwärtigen Verständnisvermögens, so groß und wunderbar ist die Wirkung dieser Mächtigen Flamme. Auch wenn die Violette Flamme für eure äußere Sicht nicht sichtbar sein mag, und bis ihr eure Sicht ausreichend erhöht habt – was die erhöhende Aktivität der Violetten Flamme vollbringt – seid ihr die Hüter der Flamme. Ja, jeder von euch ist ein Hüter der Flamme. Aber wozu ist das gut, wenn ihr sie nur hütet und nicht anwendet? Also wendet sie an, ich bitte euch. Wendet die Violette Flamme an und ihr macht nicht nur mich sehr glücklich, sondern auch Saint Germain; denn Saint Germain ist der Chohan des Violetten Strahls, welcher der Siebente Strahl ist, und falls ihr es nicht ohnehin schon vermutet habt, er ist jetzt bei mir.

Die Violette Verzehrende Flamme ist sein besonderes Geschenk an die Menschheit zu dieser Zeit, was es möglich machte, die Menschen so schnell von bestimmten Zuständen zu befreien, sogenannten karmischen Akkumulationen, die, wäre ihr Fortdauern zugelassen worden, die große Expansion des Lichts für die Geburt des Neuen Zeitalters, das wir alle, besonders ich, so lange erwartet haben, verhindert hätten.

Wenn ihr ein größeres Verständnis dieser Flamme und ihrer Anwendung wünscht sowie eurer individuellen Mission bei deren Anwendung zur Etablierung und Erhaltung eurer eigenen individuellen Freiheit, sodass ihr als reine, freie Wesen Saint Germain bei seinem gesegneten Dienst, dieses Neue Zeitalter herbeizubringen, helfen mögt – dann sprecht zu ihm. Ich bin sicher, er wird hoch erfreut sein, zu antworten. Er beteuert mir jetzt, dass dem so ist. Ich sage euch, Lebt wohl, aber nicht Ade. Seid gesegnet und vergesst nicht: *ICH BIN Liebe*. Ich danke euch.

DISKURS 11

SAINT GERMAIN

Da ich bereits vorgestellt wurde, werde ich ein paar Worte darüber verlieren, in welcher Weise jeder von euch mir bei meiner Arbeit helfen kann, nämlich der Einleitung des Neuen Goldenen Zeitalters. Ihr müsst aber verstehen, dass ihr, bevor ihr mir helfen könnt, zuerst absolut frei sein müsst, denn wenn ich euch eine bestimmte Arbeit zur Ausführung gäbe und ihr dabei von einem Begehren oder einem menschlichen Wesenszug abgelenkt würdet, der nicht aus euch gereinigt wurde, dann würde das kaum gehen, oder? So seht ihr also, ihr Lieben, wie ernsthaft ich eure Freiheit wünsche, mit deren Merkmal – der Tätigkeit, Individuen zu helfen, ihre Freiheit zu erlangen – ich auf das Engste verbunden bin; damit wir als eine Große Bruderschaft freier Wesen zusammen voranschreiten können und dem Rest der Menschen der Erde Licht und Freiheit bringen. Das ist die Tätigkeit, mit der ICH befasst BIN. Wollt ihr mir nicht helfen? Ich hoffe darauf mehr als auf alles andere, dass ihr mir zu helfen wünscht, denn nur in der Weise, dass ihr ein Teil der Großen Weißen Bruderschaft werdet, werdet ihr jemals das Glück, die Freude des herrlichen Aufgestiegenen Zustandes erlangen, der eure Bestimmung ist. Da dieser Zustand der Freiheit nur für jene zugänglich ist, die rein sind – denn die

Substanz, woraus er besteht, ist rein und kann keine Unreinheit enthalten – dann ist das Einzige, das ihr tun habt, aktiv zu werden und euch selbst zu reinigen; und damit, meine Lieben, meine ich: jetzt.

Und wie reinigt ihr euch selbst? Es ist so einfach; zu allererst müsst ihr den Wunsch haben, rein zu sein, denn wie ihr wisst, worauf eure Aufmerksamkeit liegt, zu dem werdet ihr; und wenn eure Aufmerksamkeit auf Reinheit liegt, habt ihr die Schlacht schon halb gewonnen. Für die übrigen fünfzig Prozent werdet ihr die Ärmel hochkrempeln müssen und euch an die Arbeit machen; prüft euch, so als würdet ihr euch bei mir für eine Militärinspektion vorstellen – und ich versichere euch, ich sehe sehr gut, und werde, wie man so sagt, euch ‚hinter die Ohren schauen‘.

Ich möchte nun, dass ihr seht, dass euch Gott besser kennt, als ihr euch selbst kennt; Ihm könnt ihr nichts vormachen und mit einer aufgesetzten ‚Fassade‘ davonkommen, was manche von euch soweit treiben, dass sie sich selbst betrügen. Schaut euch wirklich selbst an und sagt: „Also, woran muss ich tatsächlich noch arbeiten? Welche Dinge in meiner Welt halten mich zurück? Auf welche Weise könnte ich ein stärkerer, folgsamerer, liebenswerterer und besserer Mensch sein?“ Das zu tun, erfordert Mut. Liebe Freunde, wenn ihr diesen Pfad zum Sieg gehen solltet – Meisterschaft – Ewige Herrschaft über alle menschlichen Dinge, dann ist Mut etwas, wovon jeder von euch mehr braucht. Ihr braucht Mut und ihr braucht Vertrauen. Aber bevor ihr eines von beiden haben könnt, müsst ihr Hoffnung haben, denn Hoffnung ist das Fundament aller menschlichen Errungenschaften; ohne Hoffnung kann nichts Konstruktives erreicht werden. Hoffnung ist der reine Wunsch, dass das, was ihr euch wünscht, möglich ist, und dass es für *euch* möglich ist. Sie ist der Schlüssel zu Allem Guten, das je in eure Welt gekommen ist und das je in eure Welt kommen wird. Hoffnung ist das Offene Tor zum Herzen Gottes. Hoffnung führt euch zum Vertrauen; und Vertrauen ist die Erkenntnis, dass das, was Gott euch erlaubt hat zu begehren, möglich ist. Und die Inspiration dieser Hoffnung und dieses Vertrauens in andere – durch euer Vorbild – ist Nächstenliebe.

Als Kinder des Einen Gottes, ICH BIN, tragt ihr alle Eigenschaften des Vaters in euch. Ihr, als Bewusste Schöpfer, könnt durch euer Verstehen und Ausüben eurer innewohnenden Göttlichen Fähigkeiten all das verfügen, was Gott Selbst verfügen kann; und es ist euer Privileg, das zu tun. Mein Privileg ist es, euch zu helfen, diesen Zustand des Einsseins mit dem Vater, mit der ICH BIN-Gegenwart, zu erlangen, damit alles, was ihr erhofft, sofortige Realität wird, durch das augenblickliche Bewusstsein und die Kraft des Lichts, das ICH BIN.

Es ist meine Hoffnung, dass ihr nun alle voranschreitet und anfangen werdet, das zu erlangen, was ich euch gezeigt habe, und dass ihr mit meiner Hilfe bald lernt, diese Vision zu einer Wirklichkeit zu machen. Denn während ihr Gehorsam gegenüber der großen ICH BIN-Gegenwart lernt, die in und über euch ist und die ihr in euren Herzen zu kontaktieren lernt – die Gegenwart, mit der ich und alle Aufgestiegenen Meister eins sind – während ihr euch reinigt, werden wir in der Lage sein, euch mehr und mehr zu unterstützen – und stets mit euch zu arbeiten und euch von innen her zu unterweisen. Ihr werdet feststellen, dass wir uns euch, während ihr zunehmend reiner werdet, immer mehr nähern; und wie durch ein Wunder beginnen all die Dinge, die ihr euch wünschen konntet, ins Dasein zu kommen – denn alles, was ihr je erlangen werdet, existiert schon als Möglichkeit; und es wartet nur darauf, von euch beansprucht und zu eurer Realität zu werden. In diesem neuen Bewusstsein, in das ihr euch hineinbewegt, werdet ihr – wenngleich noch auf dieser Erde als greifbare sichtbare Gegenwart – durch die Hilfe, die nur wir privilegiert sind zu geben, beginnen, in eurem Lichtkörper, den ihr selbst erschaffen habt und über den ihr vollständig Meister seid, zu leben und zu arbeiten. Das wird der Beginn eures Eintritts in das Königreich des Himmels sein.

Meine lieben Freunde, mit eurer Hilfe – und wenn es Erfolg haben soll, brauche ich wirklich eure Hilfe – werden wir zusammen vorwärts schreiten als eine Große Bruderschaft Gottes, von der alle ein Teil sind, und dieses Himmelreich zur Wirklichkeit machen. Dies ist die Geburtsstunde des Neuen Goldenen Zeitalters, in der ihr alle eine Mission habt – als Meister voranzuschreiten, die Frauen als Meisterinnen – wobei ich die Ehre und das Privileg genieße, euch darin zu unterstützen, euch für diese Mission zu reinigen und zu vervollkommnen. Dies ist mir eine große Freude, denn dies ist die Zeit – da viele von euch bereit sind, voranzuschreiten – auf die ich viele Jahrhunderte gewartet habe. In Europa habe ich während der Zeit, die zur Französischen Revolution führte, hunderte von Jahren in einem greifbaren sichtbaren Körper gearbeitet – ich kann euch aber versichern, dass ich, wenn ich wollte, recht unsichtbar sein konnte – in dem Versuch, die damals wirkenden destruktiven Kräften umzulenken und in dem Bestreben, zu jener Zeit das Neue Zeitalter hervorzubringen. Wie es jedoch so oft der Fall war, haben selbstsüchtige menschliche Kräfte, die durch jene wirkten, die an der Macht waren, es behindert, und da die Ausdehnung des Kosmischen Lichts noch nicht das heutige Ausmaß erreicht hatte, konnte ich nichts tun, um zu vermitteln. Ich musste mich zurückziehen und der Trägheit der menschlichen Schöpfung ihren Lauf lassen – daher die Französische Revolution.

Ich möchte, dass ihr wisst, meine Freunde, dass wir jetzt erfolgreich sein werden. Der Ewige Erlass ist verkündet worden:

Der Mensch soll frei sein!

Mit Blick auf die Verwirklichung dieser Freiheit stelle ich diese Wahrheit vor euch hin, damit ihr durch eure eigene demütige Anstrengung und mit möglichst wenig Mühe diese Freiheit erlangen mögt. Und ich möchte in aller Klarheit betonen, dass ihr nur durch Kenntnis dieser Wahrheit und in der Anwendung dieser Wahrheit frei werdet – und diese Wahrheit ist: ICH BIN. Denn ICH BIN ist der Große Schlüssel und das Losungswort, in die Gegenwart Gottes zu gelangen – zu eurem eigenen Gott-Selbst – und es ist euer eigener individueller Ausdruck der Vollen Manifestation Gottes in Aktion.

Es gab durch die Zeitalter hindurch viele Rassen und Sprachen, jede mit ihrem eigenen Ausdruck des Göttlichen, und ich möchte die vielen Ausdrucksformen, die aufrichtige Sucher heute verwenden, nicht kommentieren; es ist jedoch die Hoffnung der Meister, und mit Meister meine ich natürlich die Aufgestiegenen Meister, dass alle Schüler des Lichts dahin kommen, dass sie den Ausdruck ICH BIN verstehen und allezeit verwenden – nicht nur in ihrer Meditation, sondern in jeder Phase und Aktivität ihres Lebens – um sie so sicher und stetig wie möglich durch unsere Hilfe und ihre eigene standhafte Anwendung zu dieser sicheren bestimmten Herrschaft zu bringen, die sie erwartet. Ich kann das gar nicht genug betonen, ihr Lieben. Es gibt keinen anderen Ausdruck, keine andere Formulierung, kein anderes Wort, keine andere Praxis oder Übung, die euch so sicher und schnell in das Bewusstsein Aufgestiegener Meister, welches Gott-Bewusstsein ist, erheben wird wie der bewusste Gebrauch und das Verständnis des „ICH BIN". Dies ist das einzige Bewusstsein, das Eins ist, es gibt kein weiteres – das Bewusstsein des Aufgestiegenen Meisters. Das ist das Einzige Bewusstsein, das alle aufrichtigen Schüler erlangen müssen.

Auch wenn jetzt viele sogenannte Wege in unserem geliebten Amerika gelehrt werden, so gibt es am Ende dennoch keinen wahren Weg, ihr Lieben, als nur den direkten Weg – und ICH BIN Dieser Weg. ICH BIN ist die Offene Tür direkt in das Herz Gottes – die ICH BIN-Gegenwart. Nur ICH BIN wird den Weg zur direkten Unterstützung durch die Aufgestiegenen Meister öffnen. Das ist unerlässlich, wenn ihr unsere Nachhaltige Aktivität der Erhöhung haben wollt, die gebraucht wird für den endgültigen Schritt: den Aufstieg – der eure ewige Befreiung von der Erde ist und euer Eintritt in die nächste Oktave der Existenz – die Göttliche. Es ist derselbe Aufstieg, den Jesus vollbrachte und den ihr mit unserer Hilfe auch vollbringen könnt. Nur durch die erhöhende Aktivität von *ICH BIN die Auferstehung meiner Form und Welt'* ist dieser Aufstieg möglich.

Als Jesus sagte, „ICH BIN der Weg, die Wahrheit und das Leben", bezog er sich auf diesen Weg, den Weg des ICH BIN. Aufgrund op-

positioneller Kräfte und der nachfolgenden Ver-
zerrung der Ereignisse um sein Leben und seinen
Dienst und der Worte, die er sprach, wurden diese durch die Anhänger der vielen Dogmen, die
auch heute noch vorherrschen, unterworfen; es
war nur sehr wenig, was von diesen Lehren, die er
nur an die wenigen gab, die bereit waren, ans
Licht kam; Lehren hinsichtlich des ICH BIN und
seiner eigenen Anwendung von ICH BIN-
Dekreten und Affirmationen, von denen seine
Aussagen voll sind, die allerdings in den bibli-
schen Schriften nur wenig aufgezeichnet sind.
Ihre starke Schwingung jedoch ist unauslöschlich
in die Aura des Planeten eingeprägt, so tief war
sein Verständnis ihrer Bedeutung und Anwendung, und so stark aufgeladen war er mit der
Energie, welche ihre fortwährende Anwendung
hervorbringt – deren Kraft alle fühlen können,
die heute die ICH BIN-Affirmationen, die er
gebrauchte, wieder hören. So werden auch viele
von euch so aufgeladen und erhöht werden, dass
ihr dieselben Werke wie der Meister Jesus tun
werdet. Wie er selbst sagte, „Ihr werdet noch
größere Werke als diese tun." Es gibt viele, die
diese und größere Werke getan haben und jetzt
tun, auch wenn es zum größten Teil in der Natur
ihrer Werke liegt, verschwiegen zu sein und unbekannt zu bleiben. Genau auf dieselbe Weise wie
mein Bruder Jesus habe ich, Saint Germain, gemäß demselben Ewigen Gesetz, durch dieselbe
Kraft Gottes, diese Werke vollbracht und voll-

bringe sie noch, und auch ihr werdet sie vollbringen. Wisset: Der, der das ICH BIN anwendet, hat das Königreich des Himmels – das Volle Bewusstsein Gottes in Aktion – und die Aufgestiegene Schar des Lichts, die die Volle Manifestation dieses Bewusstseins sind – immer in seiner Nähe.

Dieser Weg, dieses Königreich ist das ICH BIN DAS ICH BIN. ICH, Saint Germain, BIN Eins mit derselben Gegenwart, die ihr seid und die Jesus ist – ist das nicht erstaunlich? Nun, es sollte nicht erstaunlicher sein, als zu sagen, „Wir sind alle Eins im Vater". Es ist nur eine andere, viel direktere Art, dasselbe zu sagen.

Seht ihr, meine Kinder, es ist ein riesiger Unterschied zwischen dem Verständnis des Einsseins und dieses Einssein in Aktion zu rufen. Wegen dieses großen Unterschiedes BIN ICH unnachgiebig, was eure Annahme und den Gebrauch des Ausdrucks, dieser gültigen Worte, ICH BIN, anbelangt, und wünsche auch von euch, unnachgiebig zu sein – und ihr wisst, was unnachgiebig heißt – wie ein Diamant. Denn nur durch diesen bewussten Ausdruck eures eigenen Gott-Selbst kann das Eine Bewusstsein angerufen werden, damit es für euch und in euch wirkt und euch in euren vollen Aufgestiegenen Zustand erhöht. Nur durch die Hilfe der Aufgestiegenen Schar des Lichts, die euer Gebrauch des Ausdrucks „ICH BIN" uns erlaubt, euch zu geben – und welche die Tragende Kraft hinter allen voll wirksamen Anrufungen ist – erreicht irgendjemand jemals den Aufgestiegenen Zustand. Eure Anwendungen mögen großartig sein, und wir gehen davon aus, dass sie es sind, wenn ihr darin ernsthaft seid, aber diese Anrufungen dauerhaft aufrechtzuhalten, ist einzig nur durch das Hinzufügen unserer Tragenden Licht-Substanz und Aktivität möglich und gegeben; kein Nicht-Aufgestiegener – ganz gleich, was er von sich behaupten mag – ist fähig, eine Manifestation zu vollbringen; denn wir sind Dieses Licht und allein durch Dieses Licht sollt ihr uns erkennen.

Ich werde euch nun eine Anleitung zur Anwendung dieser Affirmationen geben, welche als Ausdruck eurer eigenen Göttlichkeit hervorbringen wird, was ihr euch wünscht, im Sinne der Herrschaft eures eigenen Gott-Selbst – gelenkt von der Fähigkeit, welche eine zweifache ist: Visualisation und Qualifikation. Ihr könnt nicht das eine ohne das andere haben; wo es Gedanken gibt, da gibt es Gefühle, und wo es Gefühle gibt, da gibt es Gedanken.

Visualisiert das, wonach eure Affirmation verlangt, als würde es bereits stattfinden; dann qualifiziert diesen Gedanken gleichzeitig mit euren Gefühlen. Mit anderen Worten, moduliert eure aus dem Herzen fließende Gefühlsenergie so, dass ihr in der dualen Aktivität von Geist und Herz die Energie eurer eigenen ICH BIN-Gegenwart auf die Manifestation richtet, die ihr durch euer Wort, laut oder im Stillen gesprochen, ins Dasein ruft. Durch die Macht Gottes und durch das Göttliche Gesetz, durch das diese Macht wirkt, wird das, worauf ihr eure Aufmerksamkeit gerichtet habt, ins Dasein kommen, so gewiss wie die Nacht dem Tag folgt, denn das ist Gesetz; und nichts kann dieses Gesetz ändern. Aber verzagt nicht, wenn ihr eine Anrufung macht und ihr nicht sofort ein Ergebnis seht; das Ergebnis ist da, nur mögt ihr noch nicht eine ausreichende innere Vision haben, um es zu sehen – denn Gott arbeitet von innen nach außen. Das heißt, jede Manifestation findet zuerst auf den inneren Ebenen der Existenz statt; wenn dann mehr und mehr bewusste Lichtsubstanz zugeführt wird, beginnt sich die Manifestation auf den anderen dichteren Ebenen zu zeigen. Vergesst jedoch nicht, dass alle Ebenen Göttliche Ebenen sind; Gott ist überall und es gibt nichts, wo Gott nicht ist. Durch diese Tatsache der All-Gegenwart Gottes, kann sich das, was ihr euch in eurem Geiste in einem Teil des Universums ersinnt, in einem anderen Teil des Universums manifestieren; denn es gibt nur Eine Substanz, Ein Bewusstsein, und dieses ist das Bewusstsein eures Eigenen Gott-Selbst, ICH BIN.

Wenn ihr eine Affirmation anwendet, ihr Lieben, denkt daran, dass es allein die Macht Gottes ist, was die Erfüllung eurer Anrufung mit absoluter Sicherheit hervorbringt; und folglich braucht es dabei überhaupt keine Eile oder mentale Anspannung. So gewiss, wie ihr die Worte im Zentrum eures Seins sprecht, so gewiss geht die Manifestation vonstatten, und das, wonach ihr ruft, kommt ins Dasein, ja, es ist bereits da.

Die folgenden Affirmationen sind von unschätzbarem Nutzen für alle, die das Licht suchen, für jene, die Meisterschaft anstreben, und meinen Schülern empfehle ich sie ganz besonders:

ICH BIN das Lebendige Licht.

ICH BIN die Gott-Gegenwart: ICH BIN.

ICH BIN die Offene Tür,

die niemand schließen kann.

ICH BIN Hier, ICH BIN Dort,

ICH BIN die Einzige Gegenwart Überall.

Von allen Affirmationen jedoch empfehle ich euch eine ganz besonders, welche – bei stetiger Anwendung mit vollem Verständnis ihrer Bedeutung – alle menschliche Aktivität in die Oktave Aufgestiegener Meister erhöhen wird:

ICH BIN die Auferstehung und das Leben.

Aus diesem Grund hat der Meister Jesus sie am häufigsten verwendet und sie ermöglichte ihm die Erhöhung seiner fleischlichen Form.

Wenn ihr ruhig und demütig, aber entschlossen bleibt bei eurer dynamischen Anwendung, werdet ihr – durch die Aktivität eurer eigenen Gefühlswelt – der Erhöhenden Aktivität insbesondere dieser Anrufung gewahr werden und ihre volle Bedeutung verstehen. Es gibt keine tiefgreifendere Aussage als diese! Durch Anwendung dieses Bewusstseins war Jesus fähig, das zu vollbringen, was er vollbracht hat, und was er getan hat, könnt auch ihr tun; und es dürfte – so wage ich zu sagen – für euch leichter sein, denn das Kosmische Licht hat heute eine größere Ausdehnung erreicht, als zu seiner Zeit. Von den Aufgestiegenen Meistern darf größere Hilfe gegeben werden und wird gegeben, und wird weiterhin gegeben werden, bis das gesamte Amerika und die Erde selbst Erhoben ist in diese Sphäre des Lichts und der Errungenschaften, wo alle Kinder Gottes wieder Eins sind mit ihrem eigenen Gott-Selbst, und es Eine endlose Welt gibt. So sei es, so wird es sein!

Also, ihr Lieben, wenn ihr das ICH BIN verwendet, werdet ihr die Schleusen zur Oktave der Aufgestiegenen Meister weit öffnen für uns, um euch mit einer Hilfe zu überfluten, eure Welten mit Licht zu erfüllen, wie ihr es nicht im Traum für möglich gehalten habt. Während ihr in unsere Ränge eintretet, werdet ihr unsere große Weisheit sehen, wie wir die Lehre über den Gebrauch dieses Ausdrucks zu dieser Zeit herausgeben; denn durch den steten Gebrauch und den Gehorsam gegenüber dem Gesetz, und durch die Anwendung dieser Affirmationen als Teil dieses Gesetzes – und tägliche Anwendung durch jedes Individuum in seinen eigenen Worten – wird das größte Licht und die größte Freiheit ermöglicht, die die Welt je gekannt hat. Merkt euch meine Worte! Dieses Licht kann nicht versagen, hat nie versagt und wird nie versagen, denn

DAS LICHT GOTTES VERSAGT NIE!

DAS LICHT GOTTES VERSAGT NIE!

DAS LICHT GOTTES VERSAGT NIE!

UND DIE GEGENWART GOTTES,
DIE ICH BIN,
IST DIESES LICHT!

Ich danke euch.

DISKURS 12

GODFRE RAY KING

Ihr lieben Herzen, und ihr seid meine lieben Herzen, gestattet ihr mir, einige Gedanken mit euch zu teilen, betreffend meiner Erfahrungen hier auf eurer schönen Erde? Wenn wir ein Gespräch von Herz zu Herz führen, entsteht zwischen uns vielleicht ein Verständnis, was mir große Freude bereiten würde, dessen könnt ihr sicher sein; denn die Hilfe, die ich euch geben kann, wird dann so viel größer sein.

Da es noch gar nicht so lange her ist, seit ich mich von der Erde entfernt habe, und viele von euch heute mit denselben Dingen konfrontiert sind, mit denen ich konfrontiert war, habe ich mich entschieden, jetzt in dieser Weise zu euch zu kommen, um einige meiner Gedanken zu teilen, bezüglich dessen, was ich durchleben musste, und das vielleicht hilfreich für euch ist, eure Welten von allen restlichen Spuren eurer menschlich erschaffenen Begrenzung zu klären, so dass ihr absolut frei in dem Wissen vorwärtsgehen könnt, dass euch der Sieg absolut gewiss ist. Dieser Sieg ist für alle Herzen, die dem Großen Gesetz des ICH BIN gehorsam sind, so sicher und gewiss, wie ICH jetzt zu euch hier aus der Oktave des Lichts der Aufgestiegenen Meister spreche.

Zufall, ihr Lieben, hat überhaupt nichts zu tun mit eurem Erfolg auf dem Pfad der Aufgestiegenen Meister, denn wer immer ihr seid, wo immer im Leben ihr steht, es ist ein direktes Ergebnis eurer eigenen Bemühungen und der Aktivität eures Lebensstromes zu der einen oder anderen Zeit; ich weiß wohl, dass sich viele von euch, während ihr durch wechselhafte Erfahrungen geht, sicher fragen, warum ihr durch einige der Prüfungen geht, mit denen ihr konfrontiert seid. Da mögen für euch überraschend Dinge wiederauftauchen, die euch einholen, damit ihr sie bearbeitet, Dinge, die euch abwegig erscheinen, mit denen ihr im Leben nicht rechnen würdet; aber fasst Mut, liebe Herzen. Ich sage euch: *Jede Erfahrung, mit der der ernsthafte Schüler des Gesetzes konfrontiert ist, kommt nicht zufällig, sondern ist ein bestimmter Teil seines Wachstums und seiner Entwicklung, ein bestimmter Teil des Planes seines Lebensstromes, und muss offen und ehrlich konfrontiert werden.* Ich sage das mit der ganzen Gewissheit meines Seins, wie ICH hier jetzt vor euch BIN. Ihr müsst eurer Erfahrung ins Auge sehen und da gibt es kein Wenn und Aber; ‚Gebt euch einen Ruck‘, wie ihr zu sagen pflegt. Ihr müsst lernen, in der Welt zu sein. Ihr könnt schwierigen Erfahrungen nicht entkommen und trotzdem wachsen, so wenig, wie ihr erwarten könntet zu atmen, wenn ihr in einem Vakuum zu leben hättet. Warum? Erfahrung ist das Korn für die Mühle, der Nährboden für eure Meisterschaft. Ohne Erfahrung könnt ihr kein Meister werden. Wie könntet ihr ohne die Welt die Welt überwinden? Wie könntet ihr ohne Erfahrung Meister eurer Erfahrung werden? So ist die Lektion, die ihr lernen müsst: *Seid in der Welt, aber nicht von der Welt.*

Ihr müsst lernen, eure Führung und Richtung direkt hier im dichtesten Gewühl zu bekommen, und kein Selbstmitleid zu empfinden, wenn es hart auf hart kommt. Ihr müsst lernen, eurer Erfahrung ins Auge zu sehen, aufzustehen und zu sagen,

Seht her,
ICH BIN die Gegenwart Gottes hier,
und durch die Macht des Lichts,
Das ICH BIN,
befehle ich, dass sich augenblicklich
Vollkommenheit einstellt.

Dann lasst zu, dass es sich einstellt – und es wird sich einstellen. Bleibt einfach standhaft, vollkommen ruhig und gelassen, und wartet geduldig darauf und schaut, wie diese Vollkommenheit aussieht. Seid nicht überrascht, wenn ihr Gott In Aktion seht. Wie vollkommen euer Gott-Selbst es jedes Mal handhaben wird; und handhaben wird Es das! Es muss, wisst ihr, denn es ist das Gesetz und hat keine andere Wahl als es zu handhaben. Dann werdet ihr erkennen, warum es für euch notwendig war, diese Erfahrung zu machen. Ihr werdet erkennen, was es euch gezeigt hat, entweder über euch selbst oder jemand anderen, oder sonst ein Wirken des Gesetzes, über das ihr Klärung brauchtet; denn wenn ihr weise werden sollt, müsst ihr Erfahrung haben, und Weisheit ist der Zustand, den ihr anstreben müsst, um Meister zu werden und anderen dienen zu können. Ich möchte, dass ihr Schüler wisst: *Alle anderen, nicht nur ihr, die ihr bewusst seid, sondern alle anderen sind auch auf dem Pfad.* Als Meister in der Entwicklung ist es eure Pflicht, bereit und in der Lage zu sein, jedem zu helfen, überall, jederzeit, ganz gleich, wie bescheiden seine Lebenssituation erscheinen mag, oder wie entfernt von der geistigen Welt er erscheinen mag; denn, ihr Lieben, alle sind Suchende, ob sie darüber reden oder nicht — und ihr kennt nie, ich wiederhole, ihr kennt nie den geistigen Entwicklungsstand eines anderen Gottes-Kindes. In Hinblick auf das Wachstum des Lebensstromes sind alle Begriffe wie ‚hoch‘ und ‚niedrig‘ relativ, denn bezüglich der Evolution gibt es kein Ende. Selbst im Aufgestiegenen Zustand wachsen wir und entwickeln uns; auch wenn wir alle menschliche Begrenzung gänzlich transzendiert haben und in jeder Weise vollkommene Gott-Wesen sind. Denn Leben ist Wachstum und alles Lebendige wächst auf die eine oder andere Art. Wenn etwas aufhört zu wachsen, hört es auf zu existieren.

Man darf nie auf ein anderes Geschöpf Gottes herabschauen, denn ganz gleich, wie fortgeschritten man sein mag, es gibt immer jene, die weiter fortgeschritten sind und auf deren Hilfe und Liebe man für das eigene Wachstum angewiesen ist. Also, seht ihr, meine Lieben, in uns Vertrauen zu haben, die wir weiter fortgeschritten sind und die menschliche Oktave bereits überschritten haben, in euer eigenes Gott-Selbst Vertrauen zu haben, mit dem wir Eins sind, und danach zu streben, anderen zu helfen, die auch Teil des Einen sind, ist die wahre Gleichwertigkeit des Lichts, aus dem alle Menschen gleich erschaffen wurden – und es ist der ganz sichere Pfad zur Harmonie mit aller Schöpfung.

Was meine eigenen Erfahrungen betrifft, liebe Herzen, ich hatte mich mit jeder nur vorstellbaren Situation zu konfrontieren; und ich möchte euch sagen, manchmal dachte ich, es ginge nicht mehr weiter, so groß war die Kraft, die gegen mich zu sein schien – und ich musste alles geben, um mich herauszuretten. Aber nie habe ich verzagt, auch wenn ich oftmals nahe daran war; denn ich wusste, wenn ich eine bestimmte Kraft nicht meisterte, würde ich immer wieder mit Erfahrungen konfrontiert werden, wo dieselbe Kraft in Aktion treten würde, solange, bis meine Entschlossenheit, sie zu überwinden, so groß ist, dass meine Dynamische Anwendung des Gesetzes zu einer Bezwingenden Gegenwart wird. Nie mehr hatte diese Kraft irgendeine Macht über mich, weil ich, wie ihr seht, nun Meister über sie war!

Bei einigen Anlässen, ihr Lieben, kamen sogar Leute auf mich zu und sagten mir direkt ins Gesicht, „Dich krieg ich dran", und ich rief sofort Gott an, meine eigene ICH BIN-Gott-Gegenwart und sagte, „Nein, das wirst du nicht." Sie sagten, „Wer soll mich davon abhalten?" Ich antwortete mit der vollen Überzeugung, die ICH BIN, „GOTT IN DIR WIRD DICH DAVON AB-HALTEN." Immer, wenn die Person vor mir stand, segnete ich diese still und rief ihre eigene Gott-Gegenwart in ihr an, hier das Kommando zu übernehmen, denn ich wusste zu solchen Zeiten immer und behielt in meinem Bewusstsein, dass ein Teil Gottes einem anderen Teil Gottes nicht schaden konnte und nie geschadet hat, trotz des menschlichen Sinnes-Bewusstseins, das versucht, einen vom Gegenteil zu überzeugen. Mein Inneres Vertrauen darin war so stark, dass als Ergebnis dieses Bewusstseins von Gott In Aktion, die ICH BIN, die Aktivität des Lichts in uns beiden so verstärkt wurde, und wir so erhöht wurden, dass nicht nur ich unüberwindlich geschützt war, sondern das andere Individuum um Vergebung bat und von da an ein veränderter Mensch war. Jeder von euch kann dasselbe tun, und ICH SAGE EUCH, DASS IHR ES KÖNNT.

Einmal richtete vor einem großen Publikum eine Person einen Revolver auf mich, und obwohl dieser voll geladen war, feuerte er nicht, als der Abzug betätigt wurde. Mein physisches Leben schien in ernsthafter Gefahr zu sein, obwohl ich wusste, dass es das nicht war; denn durch meine vorherige intensive Anwendung und durch den Elektronischen Schild, den ich durch diese Anwendung generiert hatte, war ich unüberwindlich geschützt – trotzdem habe ich in diesem Moment doch eine kraftvolle Anwendung gemacht, dessen könnt ihr sicher sein, meine Lieben.

Durch ernsthafte, tägliche – nein, kontinuierliche – Bemühung und Anwendung dieser großen Gesetze, habe ich in meine Welt dieses stille, sichere Vertrauen gebracht, das ich immer beibehielt – diese Sichere Gewissheit der Realität Gottes in mir; und so war ich und werde ich immer Unüberwindlich Geschützt und im Licht Siegreich sein! So wird es auch bei euch sein, wenn ihr stetig Anwendungen macht; denn während ihr lernt, eure Meditation zu *einem unaufhörlichen Gebet* zu machen, werdet ihr ein Göttlicher Energie-Speicher, so geladen, dass ihr auf Gebot und unter der Führung eures eigenen Gott-Selbst sofort handeln, oder irgendeine Form annehmen könnt.

Es gibt einige, die jetzt Kinder sind, die fähig sein werden, wenn sie von ihren Eltern mit dem vollen Wissen über dieses Gesetz aufgezogen werden, ihr natürliches Gottes-Bewusstsein für die Präzipitation aller ihrer Wünsche einzusetzen. In diesen Fällen wage ich zu sagen, dass die Eltern vom Kind lernen werden. Das ist die eine

Sache über dieses Große Gesetz; sogar ein Kind kann es verstehen. Das ist das Markenzeichen all unserer Lehren: *Einfachheit*. Ihr Lieben, ich habe vier und fünf Jahre alte Kinder diese einfachen Affirmationen anwenden gesehen und sie erreichten Ergebnisse, die ihre Eltern in Erstaunen versetzten; so könnt ihr darauf wetten, dass sich die Eltern befleißigen werden, ihre Anwendungen auch zu machen! Was kann schöner sein, als die reine Manifestation des Lebendigen Christus mit all seiner kindlichen Einfachheit und Anmut? Es ist dieses kindliche Vertrauen, das ihr haben müsst. Zuerst wendet ihr es auf kleine Dinge an und wenn ihr entdeckt, dass es funktioniert, dann wendet es auf größere Dinge an. Und auf diese Weise baut ihr Vertrauen auf – und Vertrauen vertreibt alle Unvollkommenheit.

Wisst ihr, ihr Lieben, was die Menschheit mehr als alles andere braucht, ist Vertrauen. Ja, natürlich wird Liebe gebraucht, aber Vertrauen ist eine Form der Liebe, die Form der Liebe, die Angst und Zweifel vertreibt – die absolute Gewissheit der Gegenwart Gottes im Innern. Glaubt mir, Angst und Zweifel sind heute die beiden größten ‚Abflüsse' in jedem Individuum. Angst ist eigentlich nur Zweifel, der sich in einer etwas anderen Weise manifestiert; und die unterschiedlichen Manifestationen von Zweifel sind zahlreicher, als dass ich sie nennen könnte: Wut, Selbstmitleid, Selbstrechtfertigung, Habgier, Apathie sind nur einige wenige. Oft, tatsächlich sehr oft, erkennen die Menschen nicht, dass diese Kräfte in ihnen wirken, denn sie sind oft inaktiv, bis sich eine bestimmte Situation einstellt und die Kraft wachgerufen wird oder in Aktion tritt, sogar bei Schülern, die auf dem Pfad weit fortgeschritten sind. Dann rechtfertigt dieser sehr oft seine Handlungen oder Gefühle so geschickt, dass er später nicht gewahr wird, was es war, das in ihm wirkte; und das kann sehr gefährlich sein, besonders bei jemandem, der in einer Position mit Einfluss auf das Leben anderer ist. Ehrlichkeit ist die erste und wichtigste Voraussetzung, die von jedem Schüler des Gesetzes erwartet wird, und Ehrlichkeit mit sich selbst steht über allem. Wenn ihr euch nicht selbst überprüft und eure Welt, und was darin agiert, genau anschaut, und nicht dann an die Arbeit geht und sauber macht — und das ist ein kontinuierlicher Prozess, wie könnt ihr erwarten, Meister zu werden? Ich hoffe, ihr erwartet nicht, dass wir es für euch tun.

Während ihr das Haus reinigt, und damit meine ich, dass ihr eure Gegenwart bittet, von eurem Geist, Körper und eurer Welt alles zu entfernen, das weniger als vollkommen ist, werdet ihr erstaunt sein, wenn ihr eure Gegenwart aufrichtig bittet, euch die vielen unseligen Gelegenheiten zu zeigen, wo der Zweifel in euch gewirkt hat, um euch daran zu hindern, mit eurem Vollen Göttlichen Potential tätig zu sein. Wenn ihr dann an dem arbeitet, was ihr seht, wird eure Göttliche Gegenwart so nahe kommen, dass Ihre Hilfe und unterstützende Kraft eine nie endende Freude und ein nie endender Segen sein wird für euch und alle, die mit eurer Welt in Berührung kommen. Die Menschen werden sagen, „Was ist das, dass du so anders bist? Du scheinst dich verändert zu haben"; und ihr werdet feststellen, dass es die Menschen zu euch hinzieht, ohne zu wissen, warum – und ihr werdet ein großer Segen für andere sein, wo auch immer ihr hingeht, wo auch immer wir euch hinführen – denn dann, und nur dann können wir euch für die übermenschliche Arbeit einsetzen, mit der wir befasst sind. Was auch immer ihr überwunden habt, das könnt ihr anderen helfen zu überwinden. Was für eine Freude wird es für euch sein, wenn ihr in die Lage kommt, anderen diesen Großen Dienst zu erweisen! Geben ist wahrlich gesegneter als Empfangen. Während sich der Dienst ausdehnt, für den wir euch einsetzen können, indem ihr eine immer größer werdende Sonne werdet, wird durch euer eigenes Ausströmen an andere die Liebe und Hilfe der Legionen des Lichts euch erhöhen und Segnen, in weit größerem Ausmaß, als ihr zu segnen vermögt. Eure Energie wird sich bei weitem nicht erschöpfen, sondern ihr werdet finden, dass eure Energie, eure Vitalität fortwährend wächst und wächst, und ihr werdet feststellen, dass ihr eine große Batterie mit Energie für Liebevolle Dienste werdet. Das Unendliche Licht Gottes wird aus euch zu allen Zeiten hervorströmen und wieder werdet ihr eine Sonne Gottes sein.

Ich möchte euch sagen, dass ihr euch oft in Situationen finden werdet, wo ihr einem Menschen gegenübersteht, mit dem ihr nichts gemein zu haben scheint, und ihr wisst nicht, warum ihr eigentlich dort seid. Nun, ihr müsst einfach nur eure Gegenwart anrufen, dass euch sofort gezeigt wird, was der Grund ist, warum ihr dort seid, und was ihr tun sollt. Ich schlage vor, dass ihr etwas wie dieses sagt:

ICH BIN die Gegenwart Gottes,
die durch mich handelt
und durch mich spricht,
in vollkommener Göttlicher Ordnung,
jetzt in diesem Augenblick.

Dann fahrt fort und tut, was sich als das Natürliche anfühlt, um das Gespräch in Gang zu halten, und ihr werdet dann im weiteren Verlauf das richtige Gefühl bekommen, was geschehen soll, was ihr sagen sollt, oder vielleicht, was der andere zu sagen hat, das für euch wichtig oder hilfreich ist. Seid einfach natürlich; ihr dürft euch nicht anmerken lassen, dass ihr irgendetwas Ungewöhnliches tut, ganz gleich, wie dynamisch euer Innerer Anruf sein mag. Dann habt Geduld. Oh, seid geduldig, seid geduldig! Das kann ich nicht genug betonen. Bleibt einfach entspannt und wisst, dass die Gegenwart Gottes wirkt, um den Vollkommenen Göttlichen Plan für diese Situation zustande zu bringen. Oft werdet ihr nicht wissen, oder nicht einmal die leiseste Ahnung haben, was der Plan ist, aber ihr geht einfach auf völlig natürliche Weise voran, von Moment zu Moment, während ihr eure Innere Führung hervorkommen fühlt. Ihr werdet überrascht sein, wie leicht und natürlich es ist, eure Göttliche Führung in jedem Augenblick zu bekommen, ganz gleich, wo ihr seid; und oft werden die Menschen, zu denen ihr sprecht, sagen, „Das ist genau das, was ich hören musste; wie haben Sie das gewusst?" Und ihr werdet sagen, „Oh, ich hatte nur das Gefühl, dass Sie das vielleicht interessieren könnte", oder etwas anderes Natürliches, um euch nichts von der inneren Arbeit, die ihr tut, anmerken zu lassen; denn das erste Gesetz und Motto der Großen Weißen Bruderschaft ist:

WISSE, WOLLE, WAGE, SCHWEIGE.

Schweigen müsst ihr. Darüber hinaus kommt nur nicht auf den Gedanken, dass ihr irgendjemandem überlegen seid, weil ihr das Gesetz kennt, denn oft wird der Grund, warum ihr mit einem anderen Individuum in Verbindung gebracht werdet, ganz gleich, wie bescheiden seine Erscheinung oder wie unbedarft es in Bezug auf spirituelle Dinge erscheinen mag, der sein, dass dieser Mensch eine Botschaft für euch hat, von der wir wünschen, dass ihr sie hört, es kann etwas spezifisches sein, das ihr in dem Moment notwendig braucht; und oft gehen wir mitten unter euch und ihr erkennt uns nicht. Es gibt viele, die Aufgestiegene Meister in greifbarer, sichtbarer Form getroffen und mit ihnen geredet haben, ohne ihrer gewahr zu werden; und glaubt mir, ihr Lieben, in solchen Fällen pflegten wir immer die Erscheinung eines in Verhalten und Auftreten durchschnittlichen Menschen anzunehmen.

Erwartet, uns zu begegnen, und wenn ihr alle, denen ihr begegnet, wie Meistern begegnet, werdet ihr vielleicht einem begegnen – wie der zu erweisende Dienst es zulässt. Vergesst nicht: *Das Licht Gottes ist in jedem.* Wir sind immer unter euch, ob in berührbarer Form oder nicht, und während ihr bestrebt seid, einander zu helfen, euren Mitbrüdern und -Schwestern, so öffnet ihr uns den Zugang zu euren Leben und Welten. Ich sage euch, meine lieben Freunde, wir sind höchst glücklich, wenn wir durch diese Tür eintreten können; und ich sage euch jetzt, wir werden eintreten. Und wie schön wird es dann sein, wenn wir von Herz zu Herz sprechen können, oder? Was hindert uns, dass diese Zeit *jetzt* ist?

* * *

Liebe Herzen, lasst uns kurz über einen Umstand sprechen, von dem ich weiß, dass er vielen von euch Kummer bereitet, und das ist die erschreckende Beziehung, die einige von euch zu ihren lieben Eltern haben, den lieben Seelen, die sich erboten, euch in diese Welt zu bringen, was sehr mutig war, das könnt ihr mir glauben, so wie ich einige von euch kenne. Auch wenn einige von ihnen fehlgeleitet sein mögen, sie haben sich große Mühe gegeben, euch aufzuziehen und euch, so gut sie konnten, zu lehren, indem sie glaubten, richtig zu handeln; gegen sie habt ihr so lange gekämpft, dass ihr nicht mehr diese schöne Harmonische Beziehung zwischen Eltern und Kind habt, die der Göttliche Plan ist, und die unser Schöpfer beabsichtigte. Das ist etwas, das korrigiert werden muss, und ich sage einfach muss, wenn ihr vorankommen wollt; denn es ist kein Zufall, dass ihr diese Eltern habt. Ihr, meine Lieben, habt diese Eltern gewählt, und sie haben euch gewählt; und auch wenn ihr durch beiderseitiges Hinzutun durch scheinbar unerträgliche Not gegangen sein mögt, sage ich euch, *eines Tages werdet ihr die Weisheit dieser Verbindung miteinander erkennen;* ihr werdet erkennen, was es ist, das euch in dieser Verkörperung gegenseitig angezogen hat, und ihr werdet durch diese Erkenntnis lernen, diese Lieben als die Flammen Gottes, die sie sind, zu Lieben – die sich wie ihr entwickeln, jeder aus eigenem Recht.

Bis ihr den wahren Grund erkennt, warum ihr in der jeweiligen Situation seid, in der ihr euch befindet, schlage ich euch demütig vor, dass ihr lernt, so freundlich zu sein, wie ihr nur könnt, und versucht, miteinander auszukommen, selbst dann, wenn ihr euch in eurer individuellen Integrität missachtet oder misshandelt fühlt, oder missverstanden; denn eine der schwierigsten Lektionen und Prüfungen, die ihr zu durchleben habt, ist es, immer, auch in höchst widrigen Umständen, Harmonie zu manifestieren. Welch besseren Ort gibt es, diese zu durchleben, als in eurem eigenen Heim?

Ihr dürft euch nie erlauben, euch ,heiliger' zu fühlen als sie, denn ihr wisst, ihr seid es nicht. Auch wenn ihr auf dem Pfad sehr weit fortgeschritten sein mögt, sage ich euch, ihr hättet dies nicht ohne eure Eltern erreicht, und es gibt noch viel, das ihr von ihnen lernen müsst. Ihre Liebe war es, die euch ins Dasein brachte, und ganz gleich, wie sehr diese Liebe geschwunden scheint, sie ist immer noch da, wenn ihr euch die Zeit nehmt, das Gesetz der Vergebung und das Feuer der Vergebung in Aktion zu rufen, allen menschlichen Unfrieden zu verzehren, allen menschlich erschaffenen Groll, Zweifel, Angst und missqualifizierte Energie der Vergangenheit, die euch veranlasst haben, nur das Äußere vom anderen zu sehen, anstatt das Wahre Christus-Selbst – den Einen. Wenn ihr diesen Einen seht, welch ein herrlicher Tag wird es sein! Wie glücklich werdet ihr sein, und wie glücklich werden auch wir sein, denn in dem Einen ist euer Wahres Heim, euer sicherer, gewisser Sieg über alle menschlichen, bindenden Bedingungen für immer – der Zugang zum Grenzenlosen Bewusstsein des Aufgestiegenen Zustandes. Ich möchte euch wissen lassen, dass es bei uns in diesem Zustand viele gibt, die auf der Erde Eltern und Kinder voneinander waren und die nun in größter Liebe und Harmonie zusammenarbeiten, als Freie Reine Wesen in der Großen Weißen Bruderschaft der Universellen Göttlichen Liebe.

Wie sehr würdet ihr davon profitieren, wenn ihr nur loslassen würdet – loslassen und miteinander im Frieden sein. Lasst einfach einander *sein* – mit dem Raum, den jeder braucht, um frei zu erkunden und zu wirken – jeder in seiner eigenen Welt, ohne den anderen zu richten und zu verdammen. Diese Verurteilung, ganz gleich, wie leise, wie subtil sie gedanklich sein mag, ist die schmerzlichste Freiheitsberaubung, die ein Mensch einem anderen jemals antun kann. Ich hoffe, ich hoffe aufrichtig, dass niemand von euch je wieder dessen schuldig sein wird, und dass ihr über eure Gedanken und Gefühle diesbezüglich wacht und über die Worte, die ihr zu anderen sprecht; und ich hoffe, da ihr eure Freiheit schätzt, dass ihr das Verzehrende Feuer der Vergebung – die Violette Flamme – zu voller und dauerhafter Aktion aufruft, solltet ihr euch oder andere jemals dabei erwischen, dass ihr verurteilt. Wie viel mehr Freiheit und Frieden werdet ihr dann haben. Versucht es – ihr werdet es sehen.

So werdet ihr allmählich erkennen, dass ihr den Auswirkungen der Verurteilungen, die andere euch entgegenbringen, nur entgehen könnt, indem ihr jegliche Tendenz zum Verurteilen ande-

104

rer in euch selbst für immer entfernt, auflöst und verzehrt — ganz gleich, wie klein diese Tendenz sein mag — denn das ist die Offene Tür. Was ihr selbst begehrt, kann nur erlangt werden, wenn ihr willens seid, dem anderen das Gleiche zu gewähren. Wenn ihr Liebe wollt, müsst ihr Liebe geben; wenn ihr Frieden wollt, müsst ihr Frieden geben; wenn ihr Freiheit wollt, müsst ihr Freiheit geben. Anerkennt die Rechte anderer auf das, was ihr für euch selbst wünscht. Der Freie Wille ist ein Göttliches Geschenk; nur der Mensch hat diese Freiheit eingeschränkt durch seine Bemühungen, anderen seinen eigenen Willen aufzuzwingen. Fühlt euch nicht verantwortlich für das, was ein anderer mit seinem freien Willen tut; sondern übernehmt zuerst die Verantwortung für euch selbst. Die Disziplinierung und die bewusste, harmonische Ausrichtung eurer eigenen Gedanken und Gefühle sind der beste Gebrauch eures freien Willens; denn nur in dieser Bewussten Lenkung und Meisterschaft liegt die wahre Freiheit, die ihr ersehnt. In dieser Hinsicht gibt es für jeden von euch viel zu lernen. Auch wenn ihr über diese Dinge, an denen ihr noch zu arbeiten habt, nicht gerne etwas hören wollt, hören sollt ihr davon, denn ihr würdet nicht wollen, dass ich euch darüber im Dunkeln belasse, da bin ich mir sicher. Seid ihr nicht glücklich, dass ihr einen Freund habt, der ehrlich zu euch ist? Dass ICH euer Freund BIN, solltet ihr mittlerweile wissen.

Wir finden es, aus der Sicht unserer Oktave, bedauerlich, dass so oft ein Mensch sagt, er will sich reinigen und dem Licht dienen, und wenn wir ihm dann zeigen, wie er das in Angriff nehmen kann, aus Angst verzagt, als ob wir jemandem etwas zeigen würden, das er nicht zu tun vermag, und als ob wir nicht da wären und bereit, ihn bei der Hand zu nehmen und ihm jede nötige Hilfe zu geben. Oh, ihr Lieben, warum führt ihr diese Dinge nicht zu Ende? Wenn ihr uns um etwas bittet, dann wisst, dass die vollkommene sofortige Lösung da ist; aber ihr müsst Vertrauen in uns haben, wenigstens ein bisschen, und die Geduld, dass wir euch auf diese Vollkommene Weise helfen, die sehr oft nicht euren Vorstellungen entspricht – denn der Mensch, mit seinen begrenzten fünf Sinnen und seiner materiellen Sicht der Dinge, möchte am liebsten nur alleine vorpreschen und die Dinge vermurksen, wo er nicht das Bewusstsein darüber hat, was tatsächlich vor sich geht. Glaubt mir, die Vollkommenheit, die Schönheit, die Wahre Freude könnten euer Leben erfüllen, das Leben eines jeden Menschen, wenn ihr euch nur an euer eigenes immer gegenwärtiges Gott-Selbst wenden würdet, an eure ICH BIN-Gegenwart, und an die Große Weiße Bruderschaft, die mit dieser Gegenwart eins ist, in jeder Sache, der kleinsten bis zur bedeutendsten. Welch eine große Veränderung würde euer Leben erfahren, wie jedes kleine Ding, das ihr braucht, sich euch anbieten würde, noch ehe ihr überhaupt bitten müsst; denn euer eigenes Gott-Selbst kennt eure Bedürfnisse, noch bevor ihr sie kennt. Es ist ein All-Verzehrendes Vertrauen in diese ICH BIN-Gegenwart, das ihr alle, und ich sage, ihr alle nötig habt, mehr als alles andere. Denn wenn ihr kein Vertrauen habt, was bleibt euch? Vergesst nicht:

Im Namen der Liebe, der Weisheit und

der Macht der Gegenwart, die ICH BIN –

ICH BIN für Immer das Volle Bewusstsein

des Lichts Gottes, das Nie Versagt!

Ich danke euch.

DISKURS 13

EL SERAPIS BEY

Durch die Macht des Lichts komme ich zu euch. Durch die der Macht der Liebe trete ich in eure Herzen ein. Durch die Weisheit, die ICH BIN, gelange ich in euren Geist und bringe euch Wahrheit. Diese Wahrheit soll euch frei machen. Guten Tag, meine Kinder. Ich spreche zu euch als einer, der euch seit vielen Zeitaltern kennt, und als einer, der sehr für euch sorgt und weiterhin sorgen wird, und euch lehrt, solange ihr dies von mir wünscht – bis zu der Zeit, die für manche nicht so fern ist, wenn wir als Brüder und Schwestern in dieser Höheren Oktave zusammenarbeiten in der größeren Ausdehnung des Lichts.

Licht ist mein Zuhause, mein Tätigkeitsgebiet; wollt ihr nicht hereinkommen? In dem Licht, das in euch ist, ist das All-Sehende Auge, das All-Hörende Ohr, der All-Wissende Geist Gottes, das All-Mächtige ICH BIN. Als Repräsentant dieses Lichts bin ich in eurem Dienst. Ich bin auf Abruf für euch da, denn wo immer das Licht ist, dort BIN ICH. Dieses „ICH", das ICH BIN, ist die Quelle Aller Dinge, auch die Gott-Flamme eures Seins; so, denke ich, versteht ihr mich am besten, nicht? Ich bin heute zu euch gekommen, um diesen Dienst zu erbringen.

Seht ihr, da *ihr euer Bewusstsein seid*, ist nicht viel von euch da, wenn ihr nicht sehr bewusst seid, oder? Was auch immer Einfluss nimmt auf dieses Bewusstsein, hat Einfluss auf euch. Daher muss eure Aufmerksamkeit immer bei Gott sein, der ICH BIN-Gegenwart in euch, so dass ihr immer und nur von Gott beeinflusst werdet, statt von Menschen, letzteres ist der Fall ist, wenn ihr zulasst, dass menschliche materielle Belange euer Interesse auf sich ziehen und eure Aufmerksamkeit abschweift – was nie sein darf. Der Geist eines Meisters schweift nie ab. Wie könnte er? Wenn er die Quelle seines Seins gefunden hat, die Ekstase seines eigenen Gott-Selbst, warum sollte er an irgendeinem materiellen Zustand oder einer materiellen Sache interessiert sein? Er enthält bereits alles In Sich – und Er ist darüber die Herrschende Gegenwart.

Ihr, Bewusstsein, und Gott sind Eins, und nichts außer euer menschliches Selbst war je fähig, die Illusion zu erschaffen, dass es irgendwie anders sei. In welch eine missliche Lage hat sich der Mensch hineinmanövriert, meint ihr nicht auch? – an die Illusionen der Schöpfungen seines eigenen Gehirns zu glauben, statt das anzunehmen, Was ist, Was Sein Wird und Was immer Gewesen ist, die eine Unveränderliche Wirklichkeit des LICHTS für alle Zeiten! Nur durch das Annehmen dieses Lichts, nur indem man den eigenen Geist für dieses Licht öffnet, wird das wahre Bewusstsein des Menschen darüber, Wer

Er Ist, zurückkehren. Das zu erinnern, dieses Bewusstsein zu erlangen, dafür stehe Ich bei euch, als Helfer. Also bitte öffnet euren Geist für das Licht. Lasst das Licht euren Geist erfüllen und sich ausdehnen, bis ihr wisst: *ICH BIN Dieses Licht,* und dass der einzige wahre Ausdruck der menschlichen Göttlichkeit der Ausdruck „ICH BIN" ist. Es kann nie etwas anderes sein als ICH BIN, denn Bewusstsein ist Licht, und wenn dieses Licht Sich Selbst bewusst ist, was könnte es anderes sagen als, „ICH BIN DIESES LICHT!" Der bewusste Ausdruck und Gebrauch dieses Lichts ist Meisterschaft. Wenn ihr Meisterschaft erlangen wollt, gebraucht diesen Ausdruck: „ICH BIN":

ICH BIN die Gegenwart Gottes,
die hier tätig ist.

ICH BIN die Gegenwart Gottes
in allen Dingen.

ICH BIN das Bewusstsein Gottes,
durch das ich dies verstehe.

ICH BIN die Meister-Gegenwart,
manifestiert in
Vollkommener Göttlicher Ordnung.

Gebraucht diesen Ausdruck eures eigenen individuellen Gott-Selbst immer wieder und wieder, ganz gleich, was ihr tut, und ihr werdet gewiss ein Meister werden.

Was immer ihr wissen wollt, was immer ihr verstehen wollt, wisset,

ICH BIN die Gegenwart,
durch die ich verstehe;

denn alles ist Bewusstsein,

und somit ist es in mir, und wird mir offen-
bart in Vollkommener Göttlicher Ordnung,
durch die Erleuchtende, Offenbarende
Macht, die ICH BIN – Gott in Aktion.

Dann seid geduldig; geht euren Geschäften nach und kümmert euch um eure Angelegenheiten; bleibt in einem ausgeglichenen Zustand vollkommener innerer Ruhe und des Vertrauens, und wenn ihr es am wenigsten erwartet, wird die Erleuchtung, um die ihr gebeten habt, in Vollkommenster Weise zustande kommen. Der Geist des Menschen muss vor Gottes Thron der Diener sein; und das Herz, das Zentrum eures Wesens ist die offene Tür zu diesem Thron. Demut ist das Einzige, das jemals jemanden zum Herrschen qualifiziert; und der, der herrschen will, muss dienen. Gott ist Demut. Der Geringste in Gottes Königreich ist der Größte, und der Größte dient dem Geringsten. Dies ist die Grundregel aller spirituellen Errungenschaften: Der am meisten erreichen möchte, muss am meisten dienen.

Ihr seht also, wir im Aufgestiegenen Zustand sind weitaus beschäftigter, als ihr euch vorstellen könnt. Es gibt nirgendwo einen bedürftigen Menschen, dem wir aufgrund des Gesetzes unseres Seins nicht verpflichtet sind zu helfen, wann immer er uns anruft. Der Ruf, der derzeit von der Menschheit ausgeht, würde euch das Herz zerreißen, könntet ihr ihn hören. Ihr Herzen, liebt einander mehr, und ihr werdet uns damit helfen, unsere Belastung zu verringern. Denkt nicht, dass wir leiden, nicht im Geringsten, wir sind sehr freudvolle Individuen; aber wir sind sehr beschäftigt und wir brauchen eure Hilfe, so wie ihr unsere braucht. Eure Anrufungen und Affirmationen helfen uns – durch die Autorität eurer Anrufungen – das Licht in die menschliche Oktave weiter auszudehnen, als wir es sonst könnten. Also, seht ihr, wir brauchen uns wirklich gegenseitig, und ich möchte euch wissen lassen, dass wir euch dankbar sind. Ich helfe euch, auch wenn ihr mich vielleicht nicht seht – denn ich bin ein recht ätherischer Bursche, und wenn euer Sehvermögen nicht sehr scharf ist, werdet ihr mich nicht sehen; aber nichtsdestoweniger, ICH BIN hier. ICH BIN immer bei euch und auf Allen Wegen, während ihr euch auf dem Bewussten Pfad hinaufbewegt zur Offenen Tür eures sicheren, gewissen Sieges. Ich danke euch.

DISKURS 14

DER GROSSE GÖTTLICHE DIREKTOR

Alles, was ihr seid, wird von eurem Geist bestimmt und die Art und Weise, wie er das Licht lenkt, das in jedem Moment aus eurem großen Gott-Selbst ausstrahlt, und ihr seid verantwortlich für dieses Licht, für diese Schöpfung. Als Schöpfer wurdet ihr erschaffen, mit eben dem Licht und Göttlichen Bewusstsein in euch, und als Schöpfer müsst ihr eure Verantwortung tragen. Damit ihr diese Verantwortung besser tragen könnt, bin Ich zu euch gekommen. Ihr seht, mein Name zeigt schon an, wer und was ICH BIN – ein Direktor, so wie der Geist eines jeden von euch ein Direktor ist, nur, ICH BIN ein Großer Göttlicher Direktor, so wie der Höhere Geist – der Höhere Mentalkörper eines jeden von euch – ein Großer Göttlicher Direktor ist.

Ich bin ein wirkliches Wesen, ein Wesen, das einst auf der Erde in sterblicher physischer Form weilte, wie ihr selbst auch; nur habe ich meine Form erhoben, und durch das Wissen, die Weisheit und Herrschaft, die ich erlangt habe – und durch die Manifestation meiner Aktivität – bin ich in der Lage, euch zu helfen, dieselbe Herrschaft zu erlangen – das Gott-Bewusstsein – das euer Erbe, euer Sehnen und eure Wahre Natur ist; denn euer Großer Göttliche Direktor ist der

Geist Gottes in Aktion. Eure Fähigkeit, sich auf diesen einzustimmen und dieser Geist zu werden, ist eure Ewige Freiheit und euer ewiger Sieg.

Der menschliche Verstand ist dagegen nichts weiter als eine Akkumulation von Energie, qualifiziert und gespeichert in der Welt des Individuums, welche durch die physischen Zellen des menschlichen Gehirns nach Maßgabe der etablierten, menschlich erschaffenen Muster registriert und agiert. Ihr seht also, es gibt nichts ursprüngliches, einzigartiges oder wahrlich schöpferisches im Geist selbst; alles, was er hat, ist übernommene Energie, die ihm verliehen wurde, über die er Rechenschaft ablegen muss und die er schließlich an Gott zurückgeben muss, zur Quelle, die ICH BIN.

Ihr seht also, welch ein trostloses Ding der menschliche Verstand für sich genommen ist, ein Computer, der programmiert wurde, mit nichts mehr als dem, was er durch die fünf Sinne gespeichert, sortiert und arrangiert hat – und das noch nicht einmal sehr gut, oder? Doch genau diese Akkumulation ist es, genau dieser Verstand mit seiner Arroganz und seinem Stolz, der euch davon abhält, euer eigenes Reales Selbst zu finden – den Göttlichen Geist – das ICH BIN DAS ICH BIN. Nur durch Göttlichen Geist – diese wirkliche Lebendige Gott-Gegenwart, die in und über jedem Individuum wohnt, ein Wesen, das so berührbar ist in unserer Oktave, wie ihr berührbar seit in eurer Oktave – kommt jemals irgendetwas

116

neues, schöpferisches, oder irgendetwas von dem Licht zur Erde in den Geist, die Herzen und Welten der Menschen überall. Eben Dieses Wesen ist euer Großer Göttlicher Direktor; und eben diese Gegenwart ist es, an die sich der menschliche Geist schließlich für seine Befreiung wenden muss:

Vater, Dein Wille geschehe, nicht meiner.

Wenn der Mensch diesen Punkt erreicht, gewöhnlich nur nach viel menschlichem Leiden, dann ist das gesegnete Individuum auf seinem Weg zur Freiheit, denn er hat sich an Gott gewandt und mit Gott sind alle Dinge möglich – und gewiss. Ein Individuum, das sich Gott zugewandt hat, ist mächtiger als eine Armee, die das nicht getan hat.

Seht ihr, ihr Lieben, wie zwingend es ist, dass ihr euch in allen Dingen an eure ICH BIN-Gegenwart wendet? Denn was weiß euer menschlicher Verstand schon darüber, was ist und was Gott wünscht, dass ihr tun sollt? Nichts! Tatsächlich wird er, aus dem aufrichtigen Wunsch heraus, das zu tun, was ihm als das Richtige erscheint, euch recht oft auf die falsche Spur setzen. Nur euer Göttlicher Geist – euer immer gegenwärtiger wachsamer Vater, die ICH BIN-Gegenwart, Die alle Dinge weiß – kann euch zeigen, was Richtig ist und euch in die Richtige Richtung weisen, und euch mit der Energie, Führung und Weisheit versorgen, um das zu erreichen, was dieses Richtige ist, in vollkommener, Göttlicher Ordnung. Oh, wie haben wir auf euch gewartet, ihr lieben Schüler, während ihr mit dem Verstand gerungen habt; wie nah dran ihr manchmal seid, so nah dran, dass ihr das Göttliche Licht in euren Geist und in eure Herzen einströmen fühlt, und dann springt der menschliche Verstand wie ein eifersüchtiger kleiner Hund hervor, um den Besitzer, der ihn ignoriert hatte, für sich zurückzugewinnen, und versucht das Licht für sich selbst zu beanspruchen. Aber es gehört ihm nicht.

Ihr müsst lernen, euch zu entspannen. Ihr müsst lernen, dieses feine, immer gegenwärtige Licht im innersten Zentrum eures Seins hervorkommen und voll schwingen zu lassen, bis Es langsam euer ganzes Wesen, euren Geist und eure Welt mit Seiner Reinen Liebe, Weisheit und Göttlichen Strahlung erfüllt. Der menschliche Verstand ist ein schlechter Lehrer für den Geist. Er gibt vor, sich selbst zu disziplinieren, nur um sein Festhalten auf andere Weise wieder zu behaupten. Ich bitte euch, ihr Lieben, lasst den Verstand in Ruhe. Lasst ihn in Ruhe und er wird euch in Ruhe lassen.

Versucht nicht, dieses GROßE LICHT VON OBEN zu analysieren, noch das Gesetz, das Seinen Gebrauch regelt; denn das würde das Licht nur daran hindern zu agieren – jenes Licht, von dem ich weiß, dass ihr es mehr als alles andere wünscht.

Wieviel Jahrhunderte lang habt ihr auf dieses Große Licht gewartet, euch jedoch abgewendet, um in einer Welt eurer eigenen Schöpfung zu leben? Wie lange wünscht ihr noch, in dieser Welt zu bleiben? Das könnt nur ihr beantworten, ihr Lieben; doch ich weiß, indem ihr aufrichtig seid, werdet ihr eure Aufmerksamkeit nach innen, euren Herzen zuwenden, und dort dieses große Licht der Gegenwart finden, diese große Liebe, diese große Weisheit und diese große Kraft, welche die Ewige Gegenwart Gottes in euch ist.

Möge die Liebe, Weisheit und Kraft der Gegenwart, Die ICH BIN, und die Große Schar Aufgestiegener Meister euch erheben in das Volle Bewusstsein des Kristallenen Kelches und zum Ewigen Sieg eurer eigenen ICH BIN-Gegenwart, für immer. Ich danke euch!

WEITERE BÜCHER DES AUTORS

ICH BIN Affirmationen und das Geheimnis ihrer erfolgreichen Anwendung, BoD, 2015

Abenteuer eines Westlichen Mystikers
Band 1: Suche nach dem Guru, BoD, 2015
Band 2: Im Dienst der Meister, BoD, 2016

Lady Master Pearl. In Erinnerung an meine Lehrerin Pearl Dorris, BoD, 2016

In Tibet auf der Suche nach dem geheimnisvollen wunscherfüllenden Juwel, BoD, 2017

ICH BIN der Lebendige Christus – Die Lehren von Jesus, BoD, 2017

Schritt für Schritt. Reden der Aufgestiegenen Meister, BoD, 2017